职业本科院校人才培养模式研究

ZHIYE BENKE YUANXIAO RENCAI PEIYANG MOSHI YANJIU

高科　刘桂梅　李健　著

中国文联出版社

图书在版编目（CIP）数据

职业本科院校人才培养模式研究 / 高科，刘桂梅，李健著. -- 北京 : 中国文联出版社，2024. 8. -- ISBN 978-7-5190-5593-6

Ⅰ. G718.5

中国国家版本馆CIP数据核字第2024XQ1881号

著　　者　高科　刘桂梅　李健
责任编辑　周欣
责任校对　秀点校对
装帧设计　研杰星空

出版发行　中国文联出版社有限公司
社　　址　北京市朝阳区农展馆南里10号　　邮编　100125
电　　话　010-85923025（发行部）　　010-85923091（总编室）
经　　销　全国新华书店等
印　　刷　明玺印务（廊坊）有限公司

开　　本　710毫米×1000毫米　　1/16
印　　张　7.25
字　　数　119千字
版　　次　2024年8月第1版第1次印刷
定　　价　50.00元

版权所有 · 侵权必究
如有印装质量问题，请与本社发行部联系调换

前言

随着经济社会的发展和技术进步，职业本科教育作为高等教育的重要组成部分，在培养适应现代产业体系的高素质技术技能人才方面发挥着不可替代的作用。当前，我国正处于转型升级的关键时期，对人才的需求也日趋多样化和高标准化，因此，研究并优化职业本科人才培养模式显得尤为迫切和重要。

本书，旨在深入探讨与构建适应新时代发展需求的高素质技术技能型人才培养体系。在当前经济转型升级、产业结构调整的大背景下，职业本科教育作为培养高端技能人才的重要途径，其人才培养模式的创新与发展显得尤为重要。本研究从职业本科教育的概念内涵、发展必要性出发，明确人才培养定位，进而构建科学的人才培养体系与模式。同时，关注人才培养资源与条件的优化，加强“双师”队伍建设、实训基地建设以及教学资源开发与应用，为职业本科教育提供有力支撑。最后，通过搭建现代职业教育国家资历框架、设计职业本科学位制度、建构职业本科治理体系等制度与保障措施，确保职业本科人才培养模式的顺利实施与有效运行。本研究旨在为职业本科教育的健康发展提供理论支持与实践指导，推动职业本科教育在培养高素质技术技能型人才方面发挥更大作用。

前 言

目　录

第一章　职业本科教育发展基础

在新时代我国职业教育体系中，职业本科的“引领性”作用至关重要。职业本科教育相关研究与探索实践早在20世纪末就萌生，现阶段已成为我国职业教育高质量发展的重点与热点。溯源更能“知今”，扎根方可“知全”。

第一节　职业本科概念内涵

一、职业本科概念的发展与处境

职业本科概念最早可追溯至1998年，学者提出了增补“本科高职教育”。之后到2014年，学者更多使用“高职本科”这一概念。2014年的《国务院关于加快发展现代职业教育的决定》使用“本科层次职业教育”和“本科职业教育”。2019年“职教20条”使用的是“本科层次职业教育”，《本科层次职业学校设置标准（试行）》《本科层次职业教育专业设置管理办法（试行）》《关于做好本科层次职业学校学士学位授权与授予工作的意见》等文件也沿用这一概念。2021年中共中央办公厅、国务院办公厅的《关于推动现代职业教育高质量发展的意见》使用“职业本科教育”。学术界自2019年起大幅使用“本科层次职业教育”“职教本科”“职业本科”等概念。

无论使用哪一种名称，职业本科的概念都原是清晰的，即类型上属于职业教育，层次上属于本科层次的教育。但与以前所提的“应用本科”“技术本科”等一对照，发现“职业本科”的界限又不是那么明确。无论是在学术研究抑或政策执行层面，“职业本科”到底是什么，还存在理解的偏差和执行的混乱。

（一）政策表述的延续性

国家职业教育改革的纲领性政策存在表述差异，体现出国家在职业本科教育发展上的政策延续性有待加强。2014年《国务院关于加快发展现代职业教育的决定》提出的是：“引导一批普通本科高等学校向应用技术类型高等学校转型，重点举办本科职业教育。”说明了应用技术类型高等学校是新建地方本科院校转型的重要方向之一；职业本科属于应用技术类型。2019年“职教20条”指出：“推动具备条件的普通本科高校向应用型转变，鼓励有条件的普通高校开办应用技术类型专业或课程。开展本科层次职业教育试点。”相比之下体现了三种变化：本科高校转向办应用型不再“一刀切”，而是视条件而定；应用型从“转型”到“转变”的提法差异体现了应用型；开展本科层次职业教育试点工作，不再作为其他本科转型的结果。2021年《关于推动现代职业教育高质量发展的意见》明确：“稳步发展职业本科教育，高标准建设职业本科学校和专业，保持职业教育办学方向不变、培养模式不变、特色发展不变。……鼓励应用型本科学校开展职业本科教育。”表述从2014年的“本科职业教育”、2019年的“本科层次职业教育试点”，正式转变为“职业本科教育”，形成了与“普通本科教育”相对应的一个概念。2022年新修订的《中华人民共和国职业教育法》第十五条的规定“高等职业学校教育由专科、本科及以上教育层次的高等职业学校和普通高等学校实施”，该表述明确了实施职业本科教育的主体为高职院校和普通高等学校，但没有明确主次问题。而第三十三条的表述“专科层次高等职业学校设置的培养高端技术技能人才的部分专业，符合产教深度融合、办学特色鲜明、培养质量较高等条件的，经国务院教育行政部门审批，可以实施本科层次的职业教育”，则进一步强调了专科层次高校在举办职业本科教育中的重要地位。

（二）政策执行的精准性

顶层设计层面的政策表述的变化，同样导致了职业本科教育在地方执行上的差异。如以2019年之后职业本科刚出现时地方政策执行来看，主要有三种执行路径：一是合一路径，以江苏省为代表。2019年12月11日，江苏省提出“在未来几年内，江苏要建成10所应用型本科或者叫职教本科”，将职业本科和应用本科合二为一。二是交叉路径，以湖南省为代表。2020 年 1 月 16 日，湖南省颁布的《湖南省职业教育改革实施方案》的表述是，“探索优质高职院校升格为应用型本科高校。探索本科层次职业教育试点，推动具备条件的普通本科高校向应用型转变”,将职业本科和应用本科视为两条路,但高职升本的方向却是应用本科。三是分立路径，以山东省为代表。在 2020 年 1 月 10 日颁布的《教育部 山东省人民政府关于整省推进提质培优建设职业教育创新发展高地的意见》中的表述是，“把现有半数左右省属本科高校转型为应用型本科高校；支持山东以高水平职业教育本科专业建设为突破口，在进入‘双高计划’的高职院校的骨干专业试办本科层次职业教育”，保持原来的新建地方本科院校转型应用型本科之路，在职业本科的发展上仅是“双高校”举办职业本科专业。当然 2021 年之后，职业本科教育的执行大致明确为四条路径：一是公办高职院校独立升格；二是独立学院与高职院校合并转设；三是专科职业教育学校举办职业本科专业；四是应用型本科院校举办职业本科专业。

（三）学校名称多变性

在职业本科的先行探索中我们也看到了举办学校名称的不确定性，表现为去“职业”“技术”化和更名为“应用技术学院”。如 2015 年天津中德职业技术学院升格为“天津中德应用技术大学”，使业界自然而然将“应用技术大学”视为职业本科教育的发展方向。而高职院校在升格更名过程中也出现了职业技术学院更名的去“技术”化现象和专科院校升格更名的“应用技术学院”趋势，如 2014 年广州工商职业技术学院升格为广州工商学院；深圳市新建一所应用型本科，校名几经变更，最后在 2018 年确定为“深圳技术大学”。到了 2019 年，两批职业本科试点院校的名称又再次回到职业教育体系中，定为“职业技术大学”。高等教育界常用高等院校的分类来表征高等教育的分类，近几年职业教育向本科层次迈进，探索过程中校名的各种变化，也表明了实践层面对我国职业本科办学主体和办学定位认识的演进过程，最终回归到了职业教育作为类型教育的统一语境中。专科层次职业教育的高一层次，至此定格为本科层次的职业教育。

二、职业本科相关概念辨析

在我国“高职本科”“本科层次职业教育”“职教本科”“职业本科”都曾经或在当前存在，属于一个概念的不同表述，其内涵是一致的。在国外相关学术文献中，Vocational undergraduate education（职业本科教育），Undergraduate vocational education（本科职业教育）以及 Vocational education of undergraduate（大学生职业教育）等名称也均有存在。细究几个概念，尽管语义和内涵上没有差异，但不同表述仍有其在演进历程及特定语境中的细微差异。

首先体现在历史流变上。我国中等职业教育简称中职，是初等职业教育的高一级职业教育。为了与普通初中、普通高中相区别，又分别称之为职业初中、职业高中。在高等教育领域，我国存在专科、本科、研究生三个层次，其中专科层次简称为高专或大专。当我国职业教育发展到高等教育这一层次时，仅局限在专科这一细分层次。因此，高职专科教育与普通专科教育常作为一种层次合称为“高职高专”。我国教育部原高教司就下设高职高专处。随着职业教育类型化特征的显现，教育部设置职业教育与成人教育司，把高职和中职统一划归该司职能。当职业教育发展到需要在本科这一层次举办的时候，高职就包含了专科和本科两个层次，为了与高职专科相对应，早期文献中称作“高职本科”居多。

其次体现在意志倾向上。本科层次职业教育和职教本科、职业本科两种表述差异主要体现在表征职业教育类型和表征本科层次的顺序上，前者在职业教育体系中强调本科层次，后两者在本科层次中表达职业教育类型。为了重塑人们认为高等职业教育只有专科层次的固有认知，“本科层次职业教育”自2014年起逐步盛行，出现在各类文件中，主要目的在于强调了此类职业教育的层次为本科。而“职业本科”以及作为“职业教育的本科层次”缩写的“职教本科”，都是在职业教育这一类型体系中谈论一个具体的细分层次，更体现了职业教育的类型特征。

最后体现在应用效能上。“本科层次职业教育”尽管在现阶段适用面广，意义显著，但名称较长，不适合推广应用，更不便于传播交流，在一些字数限制的表述中使用受限（如新闻标题、课题名称等）。另外，为了与“职业高中”“职业专科”相对应，“职业本科”的表述不仅凸显了职业教育的类型特征，体现了职业教育体系的完整性，还有利于表达与宣传。且“职业本科”后面可以加“教育”“学校”“专业”等词汇，用于对该教育、该学校和该专业的性质、类型及层次进行界定，符合汉语偏正结构词汇使用习惯，且与应用本科、技术本科等其他类型的本科教育概念表述习惯一致，便于广泛应用，故本书推荐使用“职业本科”这一概念。

三、职业本科概念界定

在探讨“职业本科”的概念之前，我们需先明晰几个基础概念。首先，理解理论与应用的关联是区分普通本科与应用本科的关键。理论侧重于通过逻辑推导和理论分析来积累和整理知识，这导向了普通本科的学科导向特性；而应用则着眼于实践，旨在识别、探索并解决实际问题，体现出应用本科明确的专业导向。其次，职业与技术的界定对于区别职业本科与技术本科至关重要。西方教育体系中，“职业教育”“技术教育”及“专业教育”常被归为“应用型教育”范畴，而我国通常将职业教育和技术教育合并讨论。职业本科侧重于产业需求，强调职业导向，目标是培养学生符合特定职业要求或行业岗位能力；相对地，技术本科源于科学技术系统，更侧重技术领域的专业资质，因专业知识壁垒而具有独特性。再者，技术与技能的关系也是理解二者差异的一个视角。当前高等职业教育旨在培育技术技能兼备的人才，其中技术可视为解决问题的方案和工具（即离身技术），技能则是这些技术在个体操作层面的应用能力（即附身技术）。简而言之，技术转化为实践操作方案，技能则是在技术指导下实现具体操作的能力展现。职业本科与技术本科虽然都强调科学知识与实践经验在实际问题解决中的应用，但职业本科特别之处在于技术与技能的紧密融合，这种结合支撑了职业教育培养目标的双重性和综合性特征。

据此分析，可将职业本科定义为：职业教育这一类型教育中的本科层次，主要面向产业高端和高端产业，培养高层次技术技能人才，包括职业本科院校、职业专科院校，以及普通本科院校开设的职业本科专业。这一概念内涵主要包括四大要素。第一，教育类型框定于规范的、狭义的职业教育范畴，而非宽泛的应用型教育范畴。职业本科必须框定在职业教育范畴内，因为这是职业本科的基因所在。第二，面向的产业包含两种类型，一是产业（链）中的高端环节，如涉及复杂的工艺，或经历过数字化、智能化改造的生产环节；二是高端的产业，如人工智能、区块链、大数据等产业（技术应用领域）。第三，人才培养的目标定位是高层次技术技能人才，高层次体现在比专科更深厚的知识基础、更高水平的职业技能，以及更强的岗位迁移能力、可持续发展能力和创新能力，典型职业为现场工程师。第四，职业本科教育的具体载体包含职业本科院校和职业本科专业；职业本科教育的实施主体可以为职业本科院校、职业专科院校、普通本科院校等。此外，定义中未约束职业本科教育的受体，职业高中毕业生、职业专科毕业生、普通高中毕业生、技术工人等均可能成为职业本科教育的实施对象。

四、职业本科的特征

（一）面向职业

职业教育，按照联合国教科文组织的定义旨在“让学习者获得职业或行业特定的知识、技艺和能力的教育”。其核心特征涵盖三方面：首先，职业教育紧密结合区域产业发展，专业设置与职业岗位需求紧密对接，课程体系构建基于典型工作任务能力需求；其次，职业教育注重实践与理论的结合，深化产教融合，强化教育与培训的融合，通过系统的工作过程来组织教学内容和活动；最后，与普通教育相比，职业教育的目标更侧重于“获得”职业相关的能力，即具有明显的就业导向性。尽管职业本科学生也具备升学等多元化发展需求，但其面向就业的核心属性依旧不变。

（二）服务产业

职业本科教育的核心领域在于产业，这是其区别于普通本科教育的重要特点。职业本科的知识体系并非单纯源自学术体系，而是基于产业生产实践的再创造，这一特性使得职业本科独具一格。与应用型本科服务于区域或地方经济发展不同，职业本科更专注于对接行业产业，为特定职业或行业提供服务。尽管职业本科并非完全排斥为地方经济社会发展服务，但其核心定位在于产业，特别是产业中的高端领域。这种定位不仅体现了职业本科的专业性，也彰显了其作为高等教育层次“高等性”的必然。

（三）技术创新

职业本科教育显著的特征在于技术创新，这也是其存在的核心价值所在。作为面向未来的职业教育，它直接响应中国制造的需求，并积极参与应对第四次科技革命。职业本科注重应用技术创新，聚焦于高新技术领域的探索与实践，致力于培养具备“用脑”能力的专业人才。这体现为三个方面。其一，职业本科要加强人才培养的基础性知识储备，重点培养学生心智技能而非操作技能；其二，职业本科教育需要着重培养学生的应用创新能力，能够应用所学知识解决生产经营管理中未曾遇到的问题，或具备改良工艺、流程、方法的能力；其三，职业本科要在科研方面下功夫，专业要能够服务对应产业未来发展的方向，帮助企业解决实际生产中的技术难题。

（四）引领发展

职业本科作为职业教育领域的佼佼者，不仅处于类型体系的顶端，更是引领职业教育向更高层次发展的先锋力量。在四个方面尤为显著：第一，职业本科教育不再满足于跟随产业发展，而是积极引领产业前行的方向，通过前瞻性的教育和培训，实现与产业的适度超前发展。第二，职业本科教育进一步推动校企深度合作，实现产教融合，将理论学习与实践操作相结合，强调知行合一，以满足广泛而高端的人才需求。在促进产业链、技术链、创新链、人才链的紧密融合与衔接中，职业本科教育发挥着举足轻重的作用。第三，职业本科将对我国制造业转型升级、数字经济发展、“一带一路”实施、乡村振兴与共同富裕等战略性发展起到至关重要的推动作用，形成与普通本科、应用型本科差异发展、融通发展的战略地位，带动职业教育确立在国民教育体系中的“半壁江山”。第四，未来职业本科的高质量发展将大大改善和提升职业教育在国民心中的形象，带动更多人了解职业教育、认识职业教育、投入职业教育、从事职业教育，从而真正落实“类型教育”地位，在促进教育公平、服务技能型社会建设。

第二节 发展职业本科教育的必要性

一、职业本科教育的价值取向

探讨职业本科教育的核心价值，关键在于深入理解其服务对象、基本立场和价值主张。这不仅是分析多元主体利益关系的关键，也是明确职业本科人才培养定位的重要参照。通过这一视角，我们能更精准地把握职业本科教育的发展方向和目标。

（一）职业教育价值取向的二维解构

职业教育在价值取向上展现了多维度的特性。首先，从功能上看，它同时满足了教育和社会两大层面的需求。教育功能上，职业教育致力于适应不同学习者的特征和需求；社会功能上，它服务于国家和区域的发展战略，推动经济社会发展，满足产业人才需求，并助力提高劳动生产率和促进就业稳定。其次，从性质上看，职业教育融合了工具性和人文性。一方面，它作为工具，服务于政府、企业、学生和家长，满足行业和企业的用人需求，帮助学生提升职业技能和就业竞争力；另一方面，职业教育强调“育”的本质，不仅注重学生的职业技能，更关注他们作为“生命人”的主体性、创造性和责任意识，以及人文素养和职业素养的培养。这种融合了工具性和人文性的价值取向，体现了职业教育在追求职业技能提升的同时，也注重人的全面发展（图1–1）。

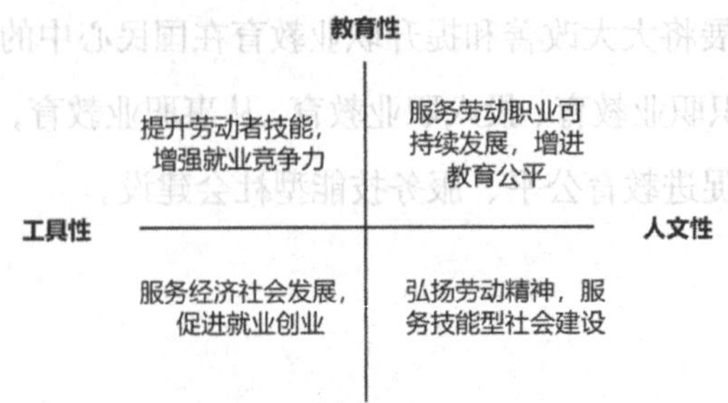

图1–1 职业教育双维价值取向

（二）职业教育价值取向的博弈与调和

职业教育在多元价值取向的交织中，经历了长期的博弈与调和。在2000年之前，职业教育以中职层次为主导，过分强调就业导向，而忽视了学生的升学需求和社会教育公平。这种倾向使得职业教育陷入工具性与人文性失衡的困境。随着新世纪高职教育的快速发展，新升格的学校在缺乏充分理论指导和经验积累的情况下，过多参考了普通高校的教学模式，从而弱化了其工具性价值的特色。

近年来，我国积极引进国际先进的职业教育模式，如德国的“双元制”和英国的“现代学徒制”，推动校企合作和工学结合的教育模式，强化了职业教育在服务产业和就业导向上的工具性和社会性价值。然而，这种强化也带来了一些问题，如过度关注技能培养而忽视人文教育，使得职业教育有沦为经济附庸和技术奴隶的风险。

为了调和这一矛盾，职业教育政府主管部门开始强调“德技并修”“五育并举”和“课程思政”，旨在实现技能培养与人文教育的平衡发展。同时，也支持中职、高职专科实现“就业与升学并重”，以满足学生多样化的需求。然而，这种长期的博弈与调和过程并不容易找到平衡点，特别是在人才培养方案的制订上，通识课、专业课、实践课和理论课之间的分配往往面临零和博弈的困境。如何在保证教育质量的同时，实现职业教育的多元化发展，仍是一个需要不断探索和解决的问题。

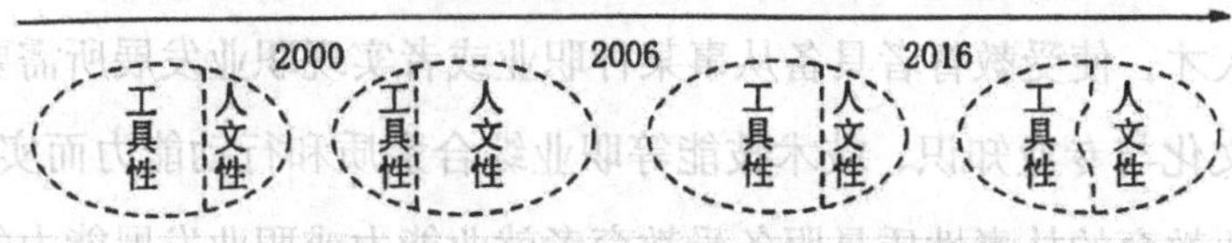

图1-2　职业教育价值取向的长期博弈与调和

（三）职业本科教育的价值旨归

职业本科教育作为职业教育体系中的高阶层次，不仅承载着传统职业教育的工具性和教育性价值，更展现了其独特且深层的价值取向。它通过延长学制和提供更全面、深入的教育内容，旨在培养具备更高竞争力的高素质劳动者，满足传统产业改造升级和新兴产业发展的需求。在技术性岗位和管理岗位上，职业本科毕业生能够展现出更为扎实的技术技能和更强的就业竞争力。同时，职业本科教育注重人文性的培养，通过提供宽广的通识教育和专业基础教育，以及多样化的专业选修课程，促进学生的综合素质提升，增强他们的可持续发展能力。这不仅有助于学生适应快速变化的产业形势，也为他们提供了更多发展机会，进一步促进了教育公平。在社会层面，职业本科教育服务于数字化、智能化背景下的产业升级和新兴产业发展，满足了对复合型、创新型高层次技术技能人才的需求。同时，通过应用技术研究，职业本科教育能够为企业改进工艺、流程和方法提供支持，提高生产经营管理水平，并促进全社会的就业创业，助力经济社会的高质量发展。更重要的是，职业本科教育致力于提升劳动者的社会地位，推动全社会形成崇尚劳动、崇尚技能的风气。它让技术技能在经济、生活、文化和人心中占据重要地位，为社会的进步和发展注入新的活力。

二、职业本科发展的外驱力

目前，学者主要从两个动力视角认识职业本科专业办学必要性。一是国家战略、产业变革等外部因素对职业教育提出更高要求，而外部动力又分为滥觞于需求侧的外拉力以及供给侧的外推力；二是职业教育类型化演进与高质量发展到达一定阶段的必要性产物。

（一）发展职业本科教育的外拉力

《中华人民共和国职业教育法》第二条将职业教育定义为：为了培养高素质技术技能人才，使受教育者具备从事某种职业或者实现职业发展所需要的职业道德、科学文化与专业知识、技术技能等职业综合素质和行动能力而实施的教育。为此，职业教育的朴素性质是服务受教育者就业能力或职业发展能力的增强，故职业岗位能力要求是职业教育人才培养的逻辑起点，需求侧的产业变化和职业岗位变化是职业教育改革发展的主要外拉力。教育部课程教材研究所副所长曾天山等认为，职业本科重点培养面向行业企业的更高层次、更高水平的技术技能人才，发展职业本科教育是塑造产业国际竞争力的战略之举。华东师范大学职业教育与成人教育研究所博士研究生李胜，华东师范大学职业教育与成人教育研究所所长、教授徐国庆认为，职业教育人才培养层次从学理层面由产业人才需求结构决定，产业升级对技术技能人才提出更高要求，专业层次难以完全满足需求。伍红军认为，第四次科技革命加剧了生产力快速发展与现有人才难以快速适应新型生产方式之间的矛盾，迫切需要高职人才培养适应性升格。河北科技工程职业技术大学教务处教授王学东、河北科技工程职业技术大学教务处副教授马晓琨认为，产业转型升级对技术技能人才需求层次上移，综合性强、复杂度高的职业岗位从业者需要开展长学制培养。

《本科层次职业教育专业设置管理办法（试行）》（以下简称《办法》）指出，本科层次职业教育专业设置应顺应新一轮科技革命和产业变革，主动服务产业基础高级化、产业链现代化，服务建设现代化经济体系和实现更高质量、更充分就业需要。随着新一代数字化、智能化技术的广泛应用，技术应用的复杂性、生产组织的智能化、工作内容的快速迭代以及工作关系的协同化等变革正深刻重塑着社会生产分工体系。这一过程中，技能型人才所需的心智技能成分日益增加，对职业教育提出了更高层次、更长学制以及人才培养模式的创新要求。职业本科教育的兴起正是对这一变革的积极响应，其外拉力源于产业升级带动岗位工作任务升级，进而引发岗位人才能力需求的升级。这一认识在法理和学理层面已得到广泛认同，凸显了职业本科教育在适应未来产业发展中的关键作用。

（二）发展职业本科教育的外推力

人才依据其在生产活动中的角色和目的，大致可分为两大类：一类是致力于发现和研究客观规律的学术型人才；另一类则是运用这些客观规律，为社会创造直接价值的应用型人才。后者进一步细分为工程型人才、技术型人才和技能型人才，他们各自在不同领域发挥着重要作用。多元智能理论认为：社会的发展需要多样化、层次化和结构化的人才群体。传统的智力观和偏重语言、数理逻辑智能培养的教学观与评价观，极大地抑制了多样化人才的培养，必须迅速予以改变。每一个人都具有异质性禀赋和潜能，提供多样化的成长成才空间和通道方能够实现“不拘一格降人才”。我国实行“普职分流”和推动普职协调发展就是促进学习者分类成才的重要策略。一部分擅长技术应用、技能操作而弱于抽象思维、理论探究的技能型人才在职业教育的“土壤”中得以发挥自身优势禀赋，实现长足发展，彰显个人价值。在技术发展和社会生产演进进程中，各类型人才职业内涵与工作任务不断演变和交错，人们又在人才类型频谱中加入工程技术型、技术技能型等边际类型。如今产业不断升级致使职业带向理论方向持续漂移，人才类型边际日益模糊，技能型人才能力特征也在向技术型靠近。随着新产业、新岗位和新工作内容的不断涌现，技能型人才急需通过高等职业教育来提升自身的岗位适应能力，以适应更高层次和更长的学制要求。进入新世纪以来，我国高校毕业生人数激增约 10 倍，专升本报考比例也大幅提升，这反映出社会学历层次的普遍提升和职场竞争的日益激烈。就业作为民生之本，对于社会稳定至关重要。鉴于我国职业院校毕业生就业率持续保持在 90% 以上，要实现更充分就业，就必须调整高等教育结构，增强劳动者的就业、创业能力，提升他们的就业竞争力，从而推动我国技术技能人才队伍的整体质量，实现跨越式提升。发展职业本科教育是实现更充分、更高质量就业，提高劳动者的就业竞争力、可持续发展能力以及个体的社会地位的必由之路。

三、职业本科发展的内生力

职业本科教育的发展内生力显著，其作为“类型教育”的核心要素，需构建与普通教育并行的现代职业教育体系。首先，职业教育的跨界特性要求我们从学校到产业、社会等多方参与，形成独特的理论框架和学科体系，确保职业教育学与普通教育学享有同等地位。职业本科教育作为职业教育的高级阶段，其知识体系和话语逻辑独具特色，对于职业教育学位制度的建立及学科地位的巩固至关重要。其次，职业本科教育是实现我国现代职业教育“不同类型、同等重要”地位的关键。它促使职业教育从模仿普通教育转向企业社会参与、专业特色鲜明的类型教育，为学习者提供更多样化的教育选择和成长道路，畅通学业、职业和社会晋升通道，完善中国特色职业教育体系，并提升职业教育的可持续发展能力。最后，职业本科教育对于消除“次等教育”的偏见至关重要。它作为现代职业教育体系中的引领性层次，与中职、高职专科形成梯队性整合与有机衔接，提升社会对职业教育的认知度和吸引力，推动职业教育体系的全面形成，同时不断完善和修正职业本科理论体系，以满足学习者进一步发展的需求。

第二章　职业本科院校人才培养定位

职业本科教育的发展对于提升职业教育质量、满足社会对高质量人才和教育的需求至关重要。尽管目前尚处于起步阶段，但其在职业教育体系中的核心地位不容忽视。要推动职业本科教育的持续发展，首要任务是明确其人才培养定位，即明确职业本科教育应当培养具备何种素质和能力的人才，以满足社会和经济发展的需求。这不仅是职业本科教育发展的基础，也是其能否在职业教育领域发挥引领作用的关键。

第一节　职业本科院校人才培养定位的内涵

一、职业本科教育人才培养的目标定位

职业本科教育要“培养什么人”，2019年《国务院关于印发国家职业教育改革实施方案的通知》初露端倪，方案中指出的“完善高层次应用型人才培养体系，培养高端技术技能人才”正是职业本科教育的使命和任务。

近年来，随着《本科层次职业教育专业设置管理办法（试行）》和《本科层次职业学校设置标准（试行）》等文件的出台，为职业本科教育的规范化、高质量发展奠定了坚实基础。特别是《关于推动现代职业教育高质量发展的意见》的发布，更是明确了职业本科教育在2025年要达到的规模目标，预示着职业本科教育将迎来一个崭新的发展时期。

在职业本科教育的人才培养目标定位上，它不仅要与我国教育事业的整体发

展方向相契合，更要充分体现职业教育的特色。这意味着，所培养的人才不仅要具备坚定的社会主义核心价值观，还要能够适应社会主义现代化建设的需要，在德智体美劳等方面实现全面发展。同时，他们还需在职业道德和职业素养上追求高水平发展，掌握扎实的理论知识和丰富的实践经验，以便在专业相关的技术领域内能够游刃有余地开展技术应用、技术管理和技术创新工作。

值得注意的是，《本科层次职业教育专业设置管理办法（试行）》的发布，进一步凸显了职业本科教育在人才培养方面的专业性和针对性。它强调了职业教育的类型特征，拓宽了职业教育体系向高层次培养应用型人才的道路，实现了在人才培养供给侧的精准施策。这意味着，职业本科教育将更加注重学生的实践能力和创新能力培养，以适应产业升级和融合对复合型高端人才的需求。

在信息化、智能化不断深入的今天，产业升级和融合已成为不可逆转的趋势。这使得社会对技术技能型人才的需求日益增加，特别是那些能够联结研发环节与生产环节的高层次技术技能人才。职业本科教育正是为了满足这一需求而诞生的，它旨在培养具备较强应用能力和技术解决能力的高素质人才，为我国的经济社会发展提供有力的人才支撑。

（一）培养类型：高层次技术技能人才

职业本科教育在层次上属于本科层次，也就意味着职业本科教育在人才培养上要严格符合《中华人民共和国高等教育法》中关于本科层次毕业生必须具备的专业技能、方法和知识等学业标准。达到本科层次毕业生质量水准的同时，还要突出强调培养的技术技能人才属于高层次级别，相对于初级、中等技术技能人才所掌握的技术技能水平。高层次技术技能人才在技术技能应用与实践上显然处于高阶位置。

坚持培养技术技能人才不变，是职业本科教育作为职业教育这一类型教育必须明确的培养目标。职业本科人才培养定位更好地诠释了技术与技能的有机统一。职业本科教育处于我国现有“中等职业教育—职业专科教育—职业本科教育”学校职业教育体系中的最高层次，与职业专科教育相比，职业本科教育层次更高，在职业技术的理论要求上，必须具有宽厚的、扎实的技术理论基础。因此，职业本科教育培养的技术技能人才要有高层次的区分度。

高层次意味着在培养标准层次上属于现代职业教育体系的高阶位置，与中等职业教育、职业专科教育培养的人才相比，经由职业本科教育培养的人才无论在知识、素质还是在能力上都需要体现逐级递进的特征，与其相对应的职业技能等级在高水平、高端的层级。高层次技术技能人才的培养关键在于具备专业基础技术和一般技术的基础上，掌握专业核心技术并能灵活应用，将技术与科学、技术与知识、技术与技能、技术与工程融会贯通，在此条件下积累扎实的基础学科知识、应用学科知识和人文社会科学知识。

高层次技术技能人才要适应产业发展的生产一线，能够满足生产一线解决技术技能实际问题的需求，这是职业本科教育培养的出发点和落脚点。通过职业本科阶段的专业学习，学生在专业领域技术的应用能力达到高水平的状态，体现在能够对初级技术人员提供技术指导、咨询和培训的能力，以及在面对多样性、动态变化的工作情境时，职业本科人才凭借本身具备更为广泛的知识面和技术技能水平，能够快速将知识技能应用于解决生产一线错综复杂的问题。此外，高层次技术技能人才还要具备一定的技术创新能力，在技术实践中基于已有知识技能迅速接收新工艺、新技术、新设备、新材料进行生产流程创新再造，具备不断更新理论知识指导实践生产的能力。

（二）培养属性：突出人才的职业特色

作为教育类型，职业本科教育的职业性是鲜明特征，职业本科教育是为生产一线输送高层次技术技能人才，因此，培养的人才是否能够直接应用于生产一线，具有职业高度适配性，能发挥实际作用，是职业本科教育始终坚守的特色。锚定职业目标，培养核心职业能力，职业本科教育在定位上要突出人才的职业特色。基于对职业需求的充分调研，前瞻性地预测未来职业人才需求状况，培养的人才要以产业发展需要和市场需求为导向，高度贴合职业岗位的标准要求。

突出人才的职业特色，职业本科教育不仅要重视知识和技术技能习得，更要加大职业核心素养的培养力度，深度融合职业核心素养、关键要素于职业本科教育的教学目标。培养学生个体职业核心素养需要贯穿在职业实践的每个阶段，职业本科教育应在各个阶段设置明确的职业核心素养培养目标和实施方案，促使学生通过理论认知，结合不同阶段的职业实践、体验反思，从而内在生成职业核心素养。

职业本科教育职业属性的培养定位显示其职业生涯导向的教育功能，使学生具备职场成长和发展的核心能力，比如主动学习能力、人际交往素养、问题解决能力、组织管理能力、团队协作能力、信息处理能力以及数字化应用能力等。职业属性也体现职业本科教育服务社会发展的功能。在培养职业核心素养中，要注重适应社会发展的综合能力，比如创新创业能力、职业规划能力、团队协作能力、职业道德素养、社会责任意识、职业价值观念等。职业核心素养经过不同阶段的职业实践逐步提升至职业追求，随着价值理念的更新、精神涵养的升格、职业信仰的塑造，终极目标是培养具有工匠精神的“大国工匠”“能工巧匠”职业人才。

（三）培养要求：落实“全人化”人才培养理念

对于职业本科教育而言，落实“全人化”人才培养理念就是以培养融合科学、人文、技术、伦理精神于一体的可持续发展的高层次技术技能型人才为目标，职业本科教育“全人化”理念在于摒弃一味偏重技术而荒废人文的功利价值观，强调从“学历本位”到“能力本位”“人格本位”，塑造全人的育人本质。

德国思想家洪堡早在19世纪就提出了“全人教育”的理念，指出全人教育除了专业知识，更看重人的素质教育的培养。培养“全人化”职业本科人才要注重人格为先、德才兼备、品德为重，实施全员、全方位、全过程“三全”育人观。要以习近平新时代中国特色社会主义思想为指导，活化课程思政内容，注重科学素养与人文素养的深度融合，使学生保持对科学技术和人文艺术的好奇心、想象力、创新创意思维。要以社会主义核心价值观为导向，通过思政引领、知识衍新、德技并修，推动“全人化”人才培养。要将国家贡献力和社会责任感贯穿于职业本科人才教育的全过程，坚持“为党育人、为国育才”，培养心怀“国之大者”的高层次技术技能人才。要尊重学生个性、挖掘潜力，使学生在职业本科学习期间养成终身学习的良好习惯，做好未来发展的多种准备。

尊重学生个体是职业本科教育“全人化”培养的前提和基础。“全人化”培养旨在面向每个个体自由全面的发展，这也是构建社会完整的必要保障。职业本科教育是现代职业教育体系的关键一环，也是促成“个体完整”与“社会完整”有效衔接的直接通道。因此，职业本科教育贯穿“全人化”人才培养理念，旨在构建面向人人的、个体能够自由选择的、开放式的终身教育和长远发展的生命教育。

二、职业本科教育人才培养的价值定位

（一）政治定位

在探讨我国高校的政治定位时，必须明确我国的高校是在党的坚强领导下，致力于发展中国特色社会主义的高等教育机构。坚持马克思主义的指导地位，全面贯彻党的教育方针，是确保教育事业正确发展方向的基石。习近平总书记强调，“为党育人、为国育才”是教育工作的核心使命，这回答了教育的根本目的——培养什么样的人和为谁培养人。教育作为个体融入社会、实现自我价值的重要途径，其政治属性不容忽视。正如历史上许多著名教育哲学家所指出的，教育与政治紧密相连，它不仅是文化传承的载体，更是国家意识形态塑造的关键工具。因此，我们必须始终坚持正确的政治方向，确保教育事业在党的领导下健康发展。从政治论观点来看，职业本科教育人才培养正是顺应党和国家事业发展所需，与世界高等职业教育发展大势同步。

职业本科教育人才培养必须坚持党的领导，发挥中国特色社会主义制度优势，坚持正确的办学方向，立足中国实践，破解职业本科教育发展中现存的难题，总结职业本科教育已有的发展经验，从岗位适配、生产劳动、社会实践、职业培训等角度全面探索解决我国产业发展中重要问题的路径，为社会主义现代化强国培养建设者和生力军。

政治定位决定了职业本科教育人才培养关注的重点不能仅限于习得高层次技术技能，还应强调推动各个职业领域不断向前发展的创新精神、劳模精神、劳动精神、工匠精神，厚植技能成才、技能报国的理想信念，发挥职业本科人才在生产技术一线的中流砥柱作用。习近平总书记指出，“青年的价值取向决定了未来整个社会的价值取向，而青年又处在价值观形成和确立的时期，抓好这一时期的价值观养成十分重要”。唯有将培养大国工匠、能工巧匠作为职业本科教育人才培养的初心和使命，方能彰显新时代中国特色职业教育向纵深推进的意义，为党和国家的事业发展贡献职业教育力量。

（二）哲学定位

教育目的和教育功能是教育哲学中最初且影响深远的问题，两者的统一关系到教育的合理性。约翰·怀特将教育目的分为内在的（intrinsic）和外在的（extrinsic）两种，教育内在目的在于提升学生个体价值，教育外在目的除了实现学生个体价值，还应该注重学生的公民义务，包括通过教育实现个体对国家政治经济发展起到贡献。克拉克·克尔认为，随着近代民族国家的兴起，大学承担了民族国家对其越来越多的期待。无论是哪种高等教育类型，归根结底都要为国家的政治和经济利益服务。

在高等教育范畴，职业本科教育是与普通本科教育并驾齐驱的类型教育，职业本科教育在其教育目的和教育功能上仍需要遵循高等教育发展的一般规律，追求不懈的知识探索和知识传播，增强社会适应性，维护和保障社会秩序，能够解决社会难题，这样才能从政府和社会获得合法合理的地位。职业本科教育身处国家高等教育体系之中，在依靠国家政策支持发展的同时，应该主动承担起对于国家和社会的道德责任，将培养的高层次技术技能人才塑造成为有能力承担社会义务的合格公民。现代大学已经走出“象牙塔”，职业本科教育更应将教育目的和教育功能统一到服务经济发展和社会秩序的战略高度上，必须坚持把经济社会发展对技术技能人才需求作为发展职业教育的逻辑起点，找准自身发展定位，在适应社会发展、服务国家需求的过程中逐步提升职业本科教育的适应性。

（三）现实定位

随着智能制造和工业4.0时代的到来，我国人才结构性矛盾逐渐突出，高层次技术技能人才短缺问题更加凸显，尤其是缺乏具备卓越创新能力的高精尖产业人才。职业本科教育打破了高等职业教育的天花板，其人才培养定位从根本上来说是要解决产业发展亟须高层次技术技能人才的现实问题。

培养具有创新能力和解决生产一线实际问题的高层次技术技能人才是夯实产业基础、推动产业发展的关键举措，他们在人才链上起到承上启下的作用。现阶段，我国不像其他欧美国家一样利用技术移民快速壮大本国的技术技能人才队伍，而是更多地寄希望于国内职业本科教育发挥显著作用，培养大量高层次技术技能人才，为建设技能型社会提供源源不断的生力军。因此，职业本科教育在人才培养定位上要紧密联系现实所需，着力培养高技术、高技能复合型人才。

当前，在我国面临百年未有之大变局的重要时期，职业本科教育必须将党和国家的利益视为人才培养的最高目标，推进产教深度融合、创新校企合作，以自身高质量发展肩负起培养多样化人才、传承技术技能的现实使命。职业本科教育要勇于走出中国特色发展道路，坚持自信自强，立足国内、放眼国际，主动参与"一带一路"国际合作，提升解决全球产业经济面临共同问题的能力。

三、职业本科教育人才培养定位突出"职业"和"本科"

（一）职业本科教育人才培养定位坚守"职业"的属性

职业本科教育是职业教育向本科层次发展的产物，其人才培养的逻辑起点是职业教育强调的岗位要求，强调职业性，面向职业群、岗位群培养高层次技术技能人才，具有强烈职业导向。

职业本科教育在专业设置上以产业需求为导向，面向产业一线职业岗位（群）的办学方向。职业本科教育的人才培养职业属性是要在现有专业（群）的基础上，在坚持职教的职业性、实践性、开放性的基础上，通过专业改造与升级、专业特色彰显与突破、专业结构优化与调整、人才培养改革与创新，全面应对产业链、创新链和价值链的变革趋势，以鲜明的专业特色和高移的人才培养水平来满足技术发展趋势和战略性新兴产业、高端高新产业市场需求。

2022 年 5 月 1 日，新修订的《中华人民共和国职业教育法》开始实施，从法律的角度确立了职业教育与普通教育同等重要的地位。职业本科教育要想真正获得社会认可，就必须办出鲜明的类型教育特色，推进产教融合、校企合作办学，培养的毕业生紧密对接产业、行业的需求，受到用人单位欢迎，这样才能切实提高职业本科教育的适应性。

（二）职业本科教育人才培养定位凸显"本科"的特征

职业本科教育属于本科层次，与之相应的岗位或岗位群能力属于本科层次，专业相关的技术技能要求应在本科水准。职业本科教育人才培养定位充分体现本科层次的特征，主要表现为以下几个方面。

1. 职业面向高端、职业发展空间提升

从职业面向来看，职业本科教育主要面向产业高端或高端产业，精准对接产业中的高端领域，培养有潜力成为“大国工匠”“能工巧匠”的高端技术技能人才，能够服务产业基础高级化、产业链现代化的高层次技术技能人才，这与职业专科教育以及中等职业教育的职业面向显然不在一个层次。

面向产业高端和高端产业、对接新职业的同时，考虑到与其他阶段的职业教育进行系统对接呈现递进关系，职业本科教育需要深入系统设计，聚焦国家和地方经济重点产业发展的关键领域，围绕战略新兴产业的业态和模式，找准新的职业需求，从而彰显职业本科院校的办学特色。与此同时，职业本科教育需要积极探索产学研用相统一的产教深度融合办学模式，发挥社会多方力量，贯穿职业本科人才培养体系，贯穿“岗课赛证”理念，创新融通育人的机制。

新职业教育法赋予接受职业教育的学生平等机会，确保他们在升学、就业和职业发展等方面享有与同层次普通学校学生相同的权益。职业本科教育毕业生在职业道路上同样拥有广阔的选择空间，无论是继续深造报考硕士研究生，还是进入公务员和事业单位等职业领域，均享有同等的权利和机会。这一变革不仅彰显了职业教育的价值，也为职业本科教育的毕业生提供了更加公平的竞争环境。

2. 技术运用上注重创新能力培养

如果说职业专科教育在培养学生技术运用上多为操作性和模仿性，注重技术熟练度培养的话，那么，职业本科教育则强调技术运用的复杂性和综合性，对学生在技术创新方面的能力培养有了更高的要求。

职业本科教育培养学生的创新能力具备本科层次的水平，与此关联的产业领域注重技术的复合能力和集成能力。职业本科教育在创新能力培养上要避免理论授课和实践练习相脱节、避免脱离职业素养和职业道德只谈技术的问题。职业本科教育应在理论和实践中双管齐下，强调创新意识和解决问题的能力，将职业素养和工匠精神深度融入学习技术技能的全过程，这样方能培养出符合职业本科教育定位且具备一定创新能力的技术技能人才。

3. 知识结构强调复合型跨学科

职业本科教育紧扣本科阶段教育的特质，在知识结构上需要强调知识面的“广

泛”并且能够整合多学科知识，在人才培养上更加注重学生跨岗位、跨职业的复合能力和多元知识的整合能力培养。职业本科教育致力于培养全面发展的人才，既夯实理论基础和技能基础，又注重专业技能的精湛。这类人才能够敏锐察觉并解决技术、工程、工艺、流程中的难题，并具备领导与指导能力，带领团队协同工作。其培养目标明确指向现场工程师，强调技艺精湛、经营有道、管理有方。在知识水平方面，职业本科教育要求达到本科层次，而在技术技能上则超越高职专科，确保培养的人才在职业领域中具备更强的竞争力。

第二节 职业本科院校与同级或同类教育的定位辨析

一、职业本科教育与职业专科教育

在探讨职业教育体系时，我们不得不提及职业本科教育与职业专科教育这两大重要组成部分。两者虽同属高等职业教育的范畴，但各自在教育层次和培养目标上有所不同，形成了同类不同级的鲜明对比。首先，职业本科教育与职业专科教育都深受高等职业教育规律的指引，以职业岗位（群）对知识、能力、素质的需求为逻辑起点，共同致力于培养符合社会经济发展需要的技术技能人才。两者在教育属性上保持一致，均属于职业教育，强调基于职业岗位实际需求，实施注重职业性和实践性的教育模式。这种教育模式通过工学结合的方式，有效地实现了职业教育的人才培养目标。然而，尽管职业本科教育与职业专科教育同属职业教育体系，但在现代职业教育体系中，职业本科教育占据了更高的层级。这种层级的差异不仅仅体现在学制上，更体现在人才培养的层次和质量上。职业本科教育按照全日制本科的四年学制设置，相比于职业专科教育，它并非仅仅是学制的延长，而是在教育内涵和人才培养目标上的全面升级。

国内学者在探讨两者关系时，更多地关注它们之间的差异，而较少讨论它们的共同点。例如，华东师范大学职业教育与成人教育研究所所长徐国庆指出，职业本科教育是本科层次的职业教育，是职业教育向更高层次发展的产物。它完全按照职业教育的人才培养模式来实施本科教育，体现了职业教育与本科教育的有机结合。南京工业职业技术大学党委书记吴学敏则强调，相比于职业专科教育，职业本科教育在理论基础、知识体系、专业能力和技术技能等方面都提出了更高的要求。这种要求不仅使学生能够具备向高端技术技能发展的条件，还使他们在产业转型升级和高端产业发展中具有更强的适应性和竞争力。

在具体的人才培养定位上，职业专科教育主要侧重于培养实用性技术技能人才，即那些能够熟练掌握生产链上某一环节的技术技能人才。而职业本科教育则在此基础上提出了更高的要求，不仅要培养具有实用性的技术技能人才，还要强调技术技能人才的“高层次性”。这种高层次性体现在从事的岗位工作要求更强的专业性、整体性和复合性，以及职业面向高端产业和产业高端。因此，职业本科教育在人才培养过程中更加注重学生理论知识、复杂问题的综合解决能力以及技术创新思维的培养，以突出高层次技术技能的应用性。因此，厘清职业本科教育和职业专科教育的同类不同级的区别需要注意以下几个方面。

第一，关于培养年限。在学制上，职业本科教育是四年，职业专科教育是三年，但这并不意味着职业本科教育就是简单地将职业专科教育的学时延长一年，不能理解为职业本科教育是在职业专科教育的基础上增加一年的学习时间而已。事实上，职业本科教育的四年学制是一个系统的设置，与其人才培养定位密不可分，与职业专科教育的人才培养定位有本质区别。

第二，关于培养层次。在培养层次上，职业本科教育的“本科”层次和职业专科教育的“专科”层次相比，显然前者属于更高层次的学历教育。在国内职业教育体系中，职业本科教育处在最高位，必然要在职业教育体系中发挥引领作用，因此在人才培养上需要更加注重以深厚理论为压舱石，加强跨学科复合能力、解决问题的创新能力。职业本科教育培养人才的突出特征是新技术的掌握，注重高新科技含量，是“技术技能用脑进阶”的职业教育，而不能趋同于职业专科教育的“实用操作”水平。相较于职业专科教育人才培养而言，职业本科教育的培养层次在于质的提升。

第三，关于教学内容和方法。在教学内容上，职业本科教育与职业专科教育虽有知识结构上的联系，但职业本科教育绝不应该仅仅在职业专科教育的现行教学内容上盲目增加几门本科课程，比如简单地考虑增设公共基础课、专业基础课等，而是职业本科教育在教学内容上的设置需要紧扣其人才培养定位和培养目标进行系统化的安排。

在教学方法上，职业本科教育如果只是将职业专科教育阶段学生的教学、管理等方法直接照搬过来就会陷入误区。虽然都属于高等职业教育，但职业本科教育和职业专科教育在教学侧重点上是不同的，需要充分考虑职业本科教育的可利用资源、学生的特质和能力，基于人才培养定位实施能够有效培养高层次技术技能人才的教学方法。

第四，关于对接产业。在对接产业方面，职业专科教育以适应或满足产业发展需求推进校企合作，职业本科教育在产教融合上不局限在满足适应产业发展需求，还应提升到教育先行引领产业发展的维度。职业专科教育偏向于校企双向合作，其合作对象往往是行业中较有代表性的企业，而对职业本科教育来说，需要从校企合作的层面跃升到产教深度融合的状态，产教深度融合凸显职业本科教育与产业界合作向纵深发展。职业专科教育在实习实训环节更多停留在技术技能的操作和演练，而职业本科教育更为关注生产一线复杂性问题，强调培养学生手脑并用的创新能力。

与职业专科教育相比，职业本科教育在人才培养的定位上，着重强调对理论知识、知识体系、专业能力以及技术技能应用的深化和拓展。它旨在培养的人才不仅要适应当前产业的发展，更需与产业转型升级的需求保持同步甚至领先。这一教育的目标聚焦于高端产业和产业高端所要求的高层次技术技能人才。因此，我们必须坚守职业本科教育的本科属性，确保其在教育质量上不被降格为专科层次职业教育的简单加长或拼接版，从而确保所培养的人才能够真正满足社会经济发展的高端需求。

二、职业本科教育与学术本科教育

在我国高等教育体系中，职业本科教育是与普通本科教育具有同等重要地位的全日制本科层次教育类型，其根本属性为职业教育。与职业本科教育同级不同类的教育主要指的是普通本科教育，包括学术本科教育和应用本科教育，在级别上都属于本科教育的范畴，但在类型上有着本质的区别。职业教育的根本属性决定了职业本科教育在人才培养定位以及表现特征上与普通本科教育截然不同。密切联系产业实际、服务一线生产需求是职业教育对其人才培养的明确定位，专注技术技能型人才的培养是职业教育始终清晰的目标方向。职业教育是类型教育，衡量一类教育是否属于职业教育的显著标志在于其表现特征，也就是根据职业岗位和工作任务进行相应的技术技能人才培养。需要强调的是，技术技能人才培养涵盖四大要素：一是契合生产一线的需求；二是对应职业岗位的能力；三是明确具体的工作任务；四是强调技术技能的应用。

学术本科是学术型本科、学术本科教育的简略表述，是一种特定本科教育模式。职业本科教育与学术本科教育是我国高等教育体系的组成部分，是本科层次高等教育的两种类型，授予的都是学士学位，类型的不同决定了两者在人才培养定位上有本质的区别。

（一）培养目标的差异

学术本科教育在培养学生素质和能力时，并非直接追求知识的即时应用，而是着重于基础理论知识的深度学习和研究。其目标在于为学生构建坚实且宽广的基本理论框架，为他们日后在文化科学技术领域取得更高成就奠定坚实基础。职业本科教育则是强调学生对技术技能的直接应用能力，重点培养学生在岗位上以技术解决问题、快速适应产业对高端技能要求的能力。

（二）培养内容的差异

比较两者的培养内容，学术本科教育重在理论上的专业化通识教育，职业本科教育在强调专业理论基础的同时还多了职业性、技能性要求。按照学术教育（培养科学家）—工程教育（培养工程师）—技术教育（培养技师）—技能教育（培养产业工人）通行的四分法来看，与此相对应，职业本科教育培养的则是擅长现场处理技术难题的技术工程师。职业本科教育在稳固理论基础的同时，着重培养解决实际问题的技术能力，既强调理论与实践的结合教学，又特别突出基于真实工作情境的实践教学环节。

在人才培养实施过程中，职业本科教育注重贯穿“岗课赛证”融通育人的职业教育理念，围绕“岗位要求＋工学结合课程学习＋技能竞赛＋职业技能等级证书”

的要求构建突出富有实践特色的课程体系。与此相比，学术本科教育更重视基本理论的掌握、科研方法的训练和创新意识的培养。职业本科教育要坚持其职业属性，重视职业技能人才培养的特点和规律，采用与之相匹配的教材、教法，完善学士学位标准设置和质量要求等保障制度，切忌直接将学术本科教育学士学位授予条件照搬过来，要避免与学术本科教育人才培养规格趋同。

三、职业本科教育与应用本科教育

职业本科与应用本科同为本科层级，但在人才培养上存在本质区别。职业本科侧重于培养一线产业所需的高层次技术技能人才，他们需精通技术原理与操作技能，具备现场研判复杂技术问题和解决技术难题的能力。具有显著“职业属性”和职业教育特质的人才培养定位将职业本科教育与应用本科教育区分开来，“宽基础、强实践”一直受到应用本科教育的推崇。

应用本科教育是普通本科教育的一个分支，它的出现是学术本科教育向技术应用领域的延伸。应用本科教育服务技术密集型产业，为其培养高级技术的应用人才、生产一线的管理者等。应用本科教育人才培养的逻辑起点是学科，它是基于学术本科教育的既定模式增加应用型人才培养的实践环节，强调将学科知识转化为具体可操作的工程方案，培养工程师是应用本科教育的基本方向。

职业本科教育直面产业行业的生产现场，根据岗位实际所需培养高层次技术技能人才；应用本科教育面向区域社会的经济发展，依托学科培养高层次技术应用型人才。尽管两者培养的人才都和技术应用有关，但不能简单地将职业本科教育认为是应用本科教育在高等职业教育的“复制”，原因在于它们人才培养的逻辑起点完全不同。应用本科教育侧重学科逻辑，以学科为核心，人才培养中虽包含应用环节，但非主导。而职业本科教育则以工作体系为导向，专业设置与岗位需求紧密对接，采用行动导向模式，更强调职业能力的构建。从职业岗位需求出发的职业本科教育决定其人才培养的实践性，无论是理论学习还是技能训练都应贯穿实践的主线，具体表现为将复杂的技术原理转变成应用一线的技术操作，也就是培养能够在生产现场进行指导和问题解决的技术工程师。

从本质上来看，应用本科教育属于强调理论性的普通本科教育范畴，只是它的人才培养定位具有“应用性”特征，注重理论如何转化以及在实践的应用；职业本科教育的实践性有突出的特质，即以职业为准绳，人才培养的出发点和落脚点都是职业实践，产业行业不同岗位对技术技能人才的要求是职业本科教育人才培养的逻辑起点。应用本科教育注重行业发展，以科学应用与工程策划为核心；职业本科教育则聚焦职业发展，突出技能提升与技术创新。

正如前文所说，职业本科教育是培养在生产一线有指导能力和解决问题能力的“技术工程师”，应用本科教育培养的是“工程师”。“技术工程师”与“工程师”工作性质的不同在于“工程师”负责设计图纸，而“技术工程师”要将设计图纸拆解转化为能够直接向现场“技术操作员”提供示意的技术流程图，而且“技术工程师”需要在现场把控“技术操作员”技术实践与“工程师”设计图纸原理相一致，在此过程中“技术工程师”起到技术支持和质量监督的关键作用。从强调生产一线的角度，职业本科教育培养的“技术工程师”可以理解为“现场工程师”，“现场”二字强调的是“技术工程师”在一线的技术执行力和指导作用。

目前学界对职业本科教育和应用本科教育的辨析未达成共识，别敦荣认为，职业本科是应用本科的亚类，也有观点认为职业本科教育在第四次科技革命的背景下如果对中国技能型社会建设起到关键决定性作用，甚至能够奠定战略地位的话，势必动摇应用本科教育在区域经济社会发展的重要地位，这样一来，职业本科教育的版图将会拓展，可能会把应用本科教育归为其中。

第三节 职业本科人才培养定位的内在逻辑与价值追求

一、职业本科教育人才培养定位的内在逻辑

（一）理论逻辑

1.“职业带”理论

1981年，H. W. French所著的《工程技术员命名和分类的若干问题》一书由联合国教科文组织出版，“职业带”的概念源自该书。“职业带”理论通过一个连续带将工程领域不同技术职位的范围进行划分，根据相应技术范围内工程技术员的理论知识程度、从事技能的特征以及受教育层次等关系将技术人员分为三类：技工和技师、技术员、工程师。一条斜线将整个职业带划分为两部分，左上部分代表的是实践操作技能，右下部分代表的是理论知识水平。（见图2-1）斜线上方三角形面积为手动操作技能区域，从图2-1中可见，手动操作技能的比重从左到右在下降；与之相反的是，斜线下方三角形面积的技术工程原理知识区域是从左到右在增加。

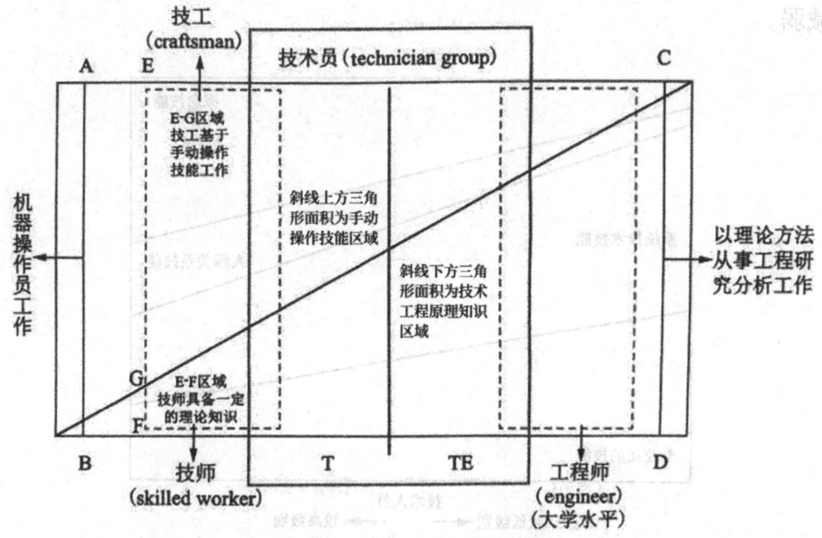

图2-1 “职业带”理论的基本框架

在“职业带”中，最靠左侧的A—B线段表示机器操作员的工作，机器操作员的工作基本上都是手动操作实践，涉及的技术知识微乎其微，对机器操作员的手动操作能力要求高，而理论知识要求低。与之对应最靠右侧的C—D线段是工程师，表明这类人员主要以理论方法从事工程研究分析的工作，具有监督职责，涉及高深技术理论知识，相对来说对实践操作的技能要求较低。

技工和技师工种在职业带中不是由线表示，而是由面积表示，指的是在工程领域技术的范围内不同工种对手动操作技能与技术理论知识之间的占比要求不同。“职业带”斜线左上E—G范围对应的是技工，这类人员很大程度上基于掌握的手动操作技能就可以进行工作，G—F范围对应的是技师，他们需要具备一定的理论知识，但知识的程度比较有限，而且这些知识往往与特定的工艺技能有关。

“职业带”理论认为技术人员具备四项技能——专业化的技能（specializationskills）、系统技术技能（systems and technique skills）、人际关系技能（humanrelations skills）、概念技能［（conceptual skills）包括技术观点、技术分析、解决技术问题和技术决策］。随着技术人员级别的提升，四项技能的比重会有所变化（见图2-2）。当技术人员处于较低级别阶段，系统技术技能和专业化的技能占比较高，而概念技能和人际关系技能占比较低；反之，当技术人员级别上升到较高层次，概念技能和人际关系技能占比较高，系统技术技能和专业化的技能逐渐减弱。

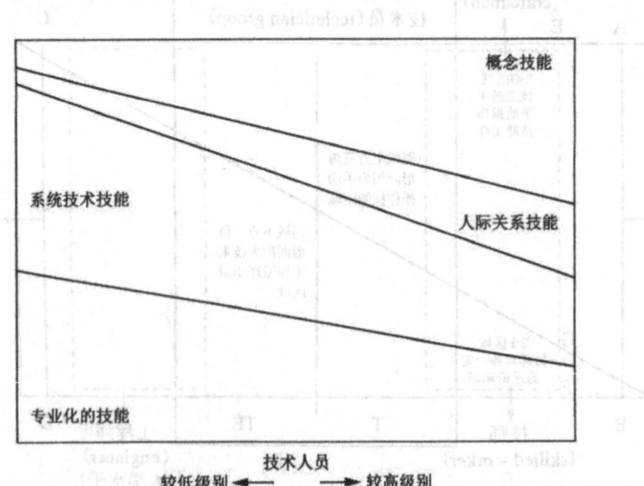

图2-2　不同级别技术人员四项技能的变化走向

尽管“职业带”理论研究的是工程领域技术人员分类，但对于职业本科教育人才培养定位中清晰厘清理论知识和实践操作技能的分配以及彼此关系变化有着重要理论依据。按照“职业带”理论不同级别技术人员的分布，职业本科教育培养的人才对应的是既要涉猎高深技术理论知识，又要在技术实践操作上具备分析、解决、决策能力的技术工程师层次。

2. 岗位“漂移”理论

在工业4.0时代，随着数字化、人工智能和物联网技术的广泛应用，产业生产智能化水平显著提升，技术知识更新迅速，岗位技术理论体系日益复杂。生产一线技术人员面临的理论与技术挑战日益严峻。调研显示，技工需减少体力劳动，强调脑力与动手能力的结合，同时需掌握岗位常识与专业知识。技术员则基于技术问题分析开展工作，但知识储备有限。工程师则专注于设计图稿与故障排除，需具备跨学科知识与高协同能力。

随着岗位等级分化，岗位发生“漂移”，涵盖现场、操作、效率与人力资源四个维度。具体表现为：现场人力参与减少，操作精准度提升，效率不再受体力限制，人力资源学历成基础，创造设计能力成核心。岗位“漂移”带来的变化对职业本科教育适应产业转型升级提出了客观要求，要基于职业群和岗位群，以跨专业跨学科思维打破单一专业的固有模式，积极转向顺应智能化、自动化，大势开拓职业本科教育发展新路径，以培养高层次技术技能人才的复合型能力为更具综合性、复杂性的岗位体系服务。

岗位“漂移”对职业本科教育高层次技术技能人才的培养方向提出了更明确的要求，所谓高层次不仅要体现在技术技能实践水平上，还要向技术分析、技术决策升级，在熟悉生产一线技术流程工作的基础上进行模拟技术故障问题解决，定位从“使用技术”向“重塑技术”高移，围绕岗位技术问题的认知、分析和解决探索“宽基础理论实践 + 跨专业复合能力 + 多维度创新创造”三位一体人才培养模式。伴随产业转型升级，传统职业岗位要求升级或者出现了新的职业岗位，现有的职业专科教育，甚至学术本科教育、应用本科教育无法满足其岗位“漂移”后带来的人才需求，职业本科教育人才培养应该顺势而为。岗位“漂移”致使近年来传统行业中仅要求劳动技能的就业岗位逐渐减少，面对大学毕业生结构性就业矛盾，职业本科教育在人才培养定位上充分考虑“岗位”漂移深层次的影响因素，应岗位所需培养高层次技术技能人才恰是有效解决大学生就业结构性矛盾的重要出路。

（二）实践逻辑

职业教育与经济社会和产业发展紧密相连，其自我调整能力使其能迅速适应社会变化和产业变动。在新时代背景下，职业本科教育更是肩负着培养高水平技术技能人才的重要使命。其实践逻辑在于精准对接国家新发展理念和新发展格局，以满足社会对技术技能人才的需求。

职业本科教育不仅传授技术知识，更注重培养学生在社会生产领域的实践能力。这种坚守职业教育类型要求、凸显自身独特价值的教育模式，为社会输送了大批高素质的技术技能人才。

为实现这一目标，国家对职业本科教育进行了顶层设计，明确了其内涵和专业设置标准，并对高职院校的人才培养能力进行了评估。同时，通过示范效应，鼓励试点院校总结经验、打造样板，为职业本科教育的推广和规模化发展提供了有力支撑。

产业界的参与也为职业本科教育注入了新的活力。通过与职业本科院校紧密合作，共同制定人才培养标准和制度，将行业最新技术和岗位需求融入教学之中，确保教学内容与产业需求紧密对接。这种合作模式不仅提高了人才培养质量，也为产业升级和科技进步提供了有力的人才支持。

职业本科院校在人才培养过程中，也不断加强研究与探索。根据职业教育的特点和定位，梳理和界定人才培养的内涵与外延，持续优化相关文件。同时，结合学校自身的办学定位和特色，有针对性地进行人才培养的调整与优化，形成了独具特色的职业本科教育人才培养模式。这种模式的形成，不仅提高了人才培养的针对性和实效性，也为职业教育的发展注入了新的动力。

（三）技术逻辑

我国产业技术正进入新的变革时代，5G、大数据、物联网、数字化、人工智能等技术与传统产业的融合日新月异，赋予传统产业新的生机，产业生产效率和效益不断提高。与此同时，战略性新兴产业发展势头锐不可当，在新一代信息技术、新材料技术等引领下的新信息、新能源、节能环保、电动汽车等产业技术更迭频繁，现代化装备水平不断提高，从而促进技术技能向纵深发展，不断拓展技术知识的宽度、广度、深度，技术变革走向势必要求技术技能人才在供给侧精准对接产业需求侧。当技术逻辑融入高等教育体系，职业本科应运而生，成为职业教育层级化发展的必然产物。这一教育形式紧密贴合新一轮科技革命和技术变革的需求，是职业教育对技术技能人才供给的积极回应。

在现代技术层级中，基础技术、一般技术和核心技术构成了一个递进序列。职业本科教育在人才培养上，以基础技术和一般技术为基石，将产业中的核心技术作为人才培养的核心支柱。因此，职业本科教育不仅要求学生掌握一技之长，更强调他们应具备解决技术难题、进行技术攻关和创新发展的能力。这种能力结构使职业本科教育培养的技术技能人才在解决我国产业领域“卡脖子”关键技术问题上发挥着关键作用，成为推动我国产业升级、应对全球产业技术竞争的重要力量。

二、职业本科教育人才培养定位的价值追求

（一）增强职业教育的适应性

“‘十四五’期间要加大人力资本投入，增强职业技术教育适应性”是党的十九届五中全会提出的号召。习近平总书记在对职业教育的重要批示中再次强调了“增强职业技术教育适应性”。纵观国内实体经济发展现状，实体经济的转型升级、高质量现代产业体系的建设与国家推进现代化进程环环相扣，而“技能短缺”是目前面临的重要制约因素，主要指的是两个方面的短缺，一是高水平技能劳动力，二是完善的技能劳动力供需结构。

为适应产业转型升级的需求，特别是在基层一线技术技能人才需求层次上移的背景下，职业教育人才培养的提质升级已刻不容缓。当前，我国高等职业教育需在类型和层次上进一步完善与提升，以应对工业体系由制造业向“智”造业转型，并推动新兴产业的快速发展。在这一进程中，高技能人才队伍成为支撑产业从中低端向中高端跃升的关键力量。尽管我国技能人才总量超过 2 亿人，但高技能人才仅占其中的 25%，即 5000 多万人。预计未来几年，尤其是到 2025 年，我国制

造业等重点领域将面临近3000万的人才需求缺口。为填补这一缺口，“十四五”计划提出新增高级工800万人次，期望将高技能人才占比提升至30%。然而，与发达国家普遍超过40%的比例相比，我国仍有较大差距。

职业本科教育正是为了满足国家经济高质量发展和解决社会高技能人才的短缺瓶颈，形成培养高层次技术技能人才，助力实体经济转型升级以及高端产业可持续发展的核心机制。稳步推进职业本科教育，其核心目的在于增强职业教育的适应性，以培养能够满足经济发展和社会需求的高层次技术技能人才。这一举措旨在促进技术技能的积累与创新，并加强服务产业发展与推动产业转型升级的能力。

在增强职业教育适应性方面，职业本科教育需要优化其类型教育特色。这既要求深入理解职业教育的人才培养规律，又需体现本科层次的教育标准。通过这种方式，培养出的技术技能人才能够胜任面向复杂技术的生产岗位，为一线技术操作者提供技术分析和解决方案，并在企业技术创新中发挥关键作用，为企业带来技术创新和技术创造的价值。

增强职业教育的适应性另一方面要求职业本科教育遵循“不求最大，但求特色，且为社会所需”的办学理念，精准对接技术变革和产业转型升级的现实需求，加快教育链、人才链与产业链、创新链的有效衔接，提高办学质量，办出中国特色和新时代职业本科教育水准。职业本科教育要善于总结分析普通本科教育的优势与短板，在人才培养定位上坚持差异化战略，做到“人无我有、人有我特”，不一味追求规模扩张的脚步，而是合理谋划办学规模和动态监测办学质量，将追求高质量办学作为自身增强适应性的首要目标。

职业本科教育在人才培养中要极力避免追求极端“技能化”倾向。职业本科教育和学术本科教育、应用本科教育同属于本科层级的教育，在明晰职业本科教育和普通本科教育存在差异的同时，也要重视对本科教育内在共性规律的理解与认识。增强社会适应性对职业本科教育至关重要，需深入研究宏观环境因素（如社会、政治、经济、文化等）对教育的影响，积极将这些影响转化为教育实践的机会，并在此过程中主动助力技能型社会的建设。

（二）新时代大国工匠、能工巧匠“道技合一”

关于职业教育人才的培养目标，2021 年 10 月中共中央办公厅、国务院办公厅印发的《关于推动现代职业教育高质量发展的意见》有最新的表述：“职业教育是国民教育体系和人力资源开发的重要组成部分，肩负着培养多样化人才、传承技术技能、促进就业创业的重要职责。”所谓“技不压身、多多益善”，职业本科教育人才培养过程中对于技能的追求是无上限的。职业本科教育在专业人才培养上应始终坚持“理论基础扎实、技术技能过硬”导向，即理论性知识的积累不是职业本科教育在教学内容上的第一要义，真正做到将学生的理论知识及时转化为可以应用、可以预见、可以发展的技能，这才是职业本科教育应该恪守的教育宗旨。

作为与普通本科教育具有同等重要地位的类型教育，全面贯彻党的高等教育政策方针、致力于人的全面发展，坚持立德树人是职业本科教育的历史使命和根本任务。培养高层次技术技能人才德智体美劳全面发展，成为合格的社会主义建设者和接班人，当然是职业本科教育人才培养的最高目标。新时代大国工匠、能工巧匠“道技合一”，要求职业本科教育在人才培养上不仅坚持德技并修、育训结合，还要坚持服务至上、技术创新，增强服务行业企业能力。

职业本科教育在人才培养上强调社会道德与家国责任，这是技术技能人才面临复杂社会情况时的指引人生航向的灯塔。在新时代，面对复杂多变的国内外形势，随着科学、技术、观念和文化的快速发展，只有训练有素且拥有坚定拥护党和国家的个体，才能适应社会环境和产业机构的变化，才能在此过程中始终做出明智的、对国家和社会负责任的行动选择。职业本科教育培养的高层次技术技能人才，在岗位上可能会面临很紧迫、很棘手、很复杂的技术难题，需要建构完备的自我道德约束系统来支持更复杂的权衡取舍。

道德责任是社会关系和人类群体行为的调节要素，职业本科教育注重道德责任的培养目的是促成自觉的个体选择和理智行为，使培养的高层次技术技能人才能够主动地将个人发展与社会发展相联系。当前正处于技术竞争日益激烈的时代，职业本科教育培养的是品行至上、技能精湛的硬核技术人才群体，技能型国家的建设需要越来越多的大国工匠、能工巧匠，而培育大国工匠、能工巧匠，离不开丰沃的土壤——精准的职业本科教育人才培养定位。从这个意义看来，将工匠精神融合在教学全过程并树立行业工匠的人才培养目标，是职业本科教育解时代所需的有力举措。

工匠，是对高素质技能人才的一种肯定性称谓，工匠精神是一种品质化的职业精神。工匠精神是职业本科教育追求极致的价值理念，其核心内涵在于不断追求完美和极致，有精湛的职业技艺，将一丝不苟、精益求精的职业精神融入每一个环节，能够生产出高质量的产品或者提供高品质的服务。职业本科教育培养工匠精神的实质是一种职业核心素养与敬业精神的养成，使职业本科人才对所从事的岗位工作锲而不舍，对工作质量的要求不断提升，对于每一个工作岗位上的每一件事都保持毫不懈怠的态度。

（三）公民“终身教育”发展理念

长期以来，职业教育通常止步于专科，这被认为是其发展的关键“瓶颈”，职业本科教育的发展正是职业教育在我国终身教育体系中拾级而上，也是服务全民终身学习、建设学习型社会在职业教育领域迈开的一大步。职业本科教育贯穿了“终身教育”发展理念，与继续教育有机衔接，是面向人人的终身教育体系不可或缺的部分，是服务全民终身学习体系的重要支柱。

发展职业本科教育是鼓励社会多元主体参与、在高等教育领域形成职业特色鲜明的类型教育，为接受高等教育的群体提供了多样的类型选择、更宽广的学习路径，使学历提升、技能提升、职业提升的通道更为四通八达。当然也要谨防“学术漂移”带来的风险，避免职业本科教育踏入追求“唯学历”的误区。职业本科教育要恪守职业属性，在人才培养定位上厘清与学术本科教育、应用本科教育的区别，确保职业本科教育能够真正按照自身的人才培养逻辑来发展。

不论何种教育类型，其基本使命和重要职责就是培养满足社会需要有责任担当的公民。职业本科教育同样承担着公民教育的义务，直接关系到公民教育的效果，因此培养出健全自律，具有现代公民意识、公民美德的高素质公民是职业本科教育应该承担的社会责任。职业本科院校在培养学生的技术技能的同时，也要引导他们形成良好的社会行为规范职业习惯，以适应将来进入社会的需要。开展公民教育和培养社会好公民，从某种意义上说，职业本科教育在履行教育的基础责任。由此可见，在专业教育教学和实习实践的过程中，技术技能的养成是一方面，另一方面要保证职业本科人才必然成为社会良好秩序的遵守者和支持者。公民教育伴随人的一生，职业本科教育在人才培养目标定位上，从来不是面向科学家、企业家、政治家这些精英身份，而是培养能够脚踏实地在国民经济各行各业做出贡献的技术技能人才。职业本科教育应充分融合公民教育的理念使其培养的人才受益终身，使培养的职业本科人才既能具备良好的社会公德素养，也能成为一名合格的公民与优秀的国家建设者，为职业本科教育的社会价值认同积累重要的影响力。

（四）教育链、人才链和产业链、创新链有效对接

职业本科教育是技能型社会发展和现代劳动力市场需求对高等职业教育客观要求的结果。

产业发展离不开技能人才的支持，每个产业都有相应的高、中、低端技能人才链条。现阶段，我国大部分省市的人才政策主要面向高学历人才群体，聚焦于领军型人才、专家型人才。正是因为对制造业领域迫切所需的高技能人才、专业技术人才缺乏高关注度，使得制造业高端人才和高技能人才极为紧缺的问题日益显露。现代产业向着数字化、信息化、智能化的方向发展，传统的一线生产岗位工作流程重构，对于一线生产技术技能水平要求在不断提高，技术技能型人才需求层次上移，对人才的素质、能力、技能结构提出全新要求。

产业链、创新链的急速变化促使岗位所需要的技能趋于复杂化，从而需要从事技术技能生产的人员通过不断学习形成能够适应新技术、新材料、新工艺的能力和素养。教育链和人才链应对产业链、创新链的连锁反应提供支持。

随着新一轮信息技术的推进，概念技能的内涵在不断拓展，不仅涉及传统技术理论认知与实践领域，还指向技术的设计、技术的决策。有效链接教育链、产业链和人才链、创新链，形成有效精准对接的命运共同体，才能真正发挥职业教育可以持续培养适应产业需求人才的价值。在此背景下，职业本科教育正在促成职业教育链、现代产业链和技术技能人才链、价值创新链形成合力打造命运共同体。

作为不可或缺的一环，职业本科教育正在构建中等职业教育、职业专科教育、职业本科教育等衔接的现代职业教育体系中起到重要作用。职业本科教育在人才培养定位上适应传统产业的数字化、智能化、高端化趋势，将新技术融入专业建设和人才培养，使其更加适应高端岗位的技术技能要求。

（五）校企合作走向产教深度融合

校企合作、工学结合是职业教育办学的一大特色。产教融合、校企合作不是目的，而是过程和路径，是撬动职业教育高质量发展的杠杆和支点。对于职业本科教育来说，人才培养合作模式不能局限于职业教育中普遍采用的校企合作，而要满足适应高层次技术技能人才在需求侧提出的要求，产教深度融合是职业本科教育校企合作的特色举措。产教融合是符合我国职业教育发展规律的内在需求，同时也是国家促进产业升级的重要举措。在产教融合引领下，职业本科教育人才培养模式能够有效地将政府、企业、高校、社会等多方力量有效集结，与企业、当地政府和产业园区形成合力，打造其他类型的协同育人平台，加快高层次技术技能人才培养的步伐。

职业本科教育扭转学生从传统的以升学为导向变成以就业为导向、从以学科能力为本位变成以职业岗位能力为本位的两大局面，两大转变反过来也要求职业本科教育更加注重产教融合。通过创新融合的体制机制，确保产教深度融合能够体现在学校治理、院系办学、专业建设、人才培养和社会服务全过程，形成社会多元主体协同育人的系统生态。

产教融合过程中职业本科院校和不同企业各有分工：职业本科院校负责基本技术技能培养，技术输出企业负责核心技术培养，人才需求企业负责岗位技能培养。随着企业的黏合度不断加强，职业本科院校除了向企业输送高层次技术技能人才，还应创设教师在企业兼职承接企业项目，推动校企合作、产教融合走深走实。这样一来，企业的岗位技术标准与学校的课程理论、专业实践教学要求就能够相互融合，人才培养更加具有岗位针对性、适用性。

在产教深度融合的进程中，应突出典型标杆的引领作用，积极吸纳富有教育情怀、育人担当和社会责任感的企业及企业家参与职业本科教育，使这些具有家国情怀的企业及学生都能从中受益。评判企业是否符合产教深度融合准入的标准在于其用工用人制度以及行业内实际成效和口碑。职业本科教育应以产教深度融合为抓手和依托，为学生创造良好的育人环境，学生创新精神和创业能力的培养是长期的过程，因此需要将创新创业教育贯穿到产教融合的每一个实践环节，从而全面提升学生的综合素质，为企业输出更多能力强、素质优的高层次技术技能人才。

职业本科教育可以通过创新体制机制促进产教深度融合。基于常规的校企合作理事会、专业建设委员会，可以根据产教双方目标一致，以实际项目为纽带，搭建产教深度融合平台。可以建立企业专家库，聘任产业教授、技术顾问等产业界代表全方位参与人才培养的方案确定、专业建设、教材选用和质量评价。

职业本科教育可以创新产教深度融合的培养机制。在校内生产性实训基地开展实践操作的基础上，将职业本科高年级学生的综合实践安排在真实的生产环境中，通过参与真实项目来提升技术技能，将学习评价与岗位技能评价糅为一体，全面提升学生岗位实践能力和问题解决能力。同时，与地方政府、产业园区和企业培训中心等进行合作，建设技术研发中心，聚焦企业一线技术难题，师生共同携手企业承担技术攻关项目，着重提升学生技术技能的创新性。

职业本科教育可以创新产教深度融合的平台机制。职业本科院校与政府和企业共建大学科技园，建设“孵化平台”，通过提供顶岗实习岗位重点提升学生技术技能创新能力。鼓励学生尝试解决技术问题参与教师科研项目，出台政策支持教师吸纳学生加入科研团队，推动项目实践育人。

职业本科教育，在“培养什么样的职业本科人才”问题上确立精准清晰的定位，是提高职业本科教育的办学成效和社会地位的一种必然。职业本科教育高质量发展不是一蹴而就的，切不可急功近利、盲目推进。只有扎根中国大地、科学层级定位、坚守职业属性、办出中国特色、精准对接产业，才能确保职业本科教育朝着高质量发展方向稳步推进。

第三章　职业本科人才培养模式

我国经济高质量发展亟须高端技术技能人才，职业本科教育此时应运而生，为我国产业转型升级发展、创新发展培养高层次技术技能人才。而人才培养活动的有效实施依赖于构建完善的人才培养体系，人才培养质量与效率依赖于设计合理的人才培养模式。职业本科人才培养具有高等教育与职业教育的双重属性，其人才培养模式除了遵循人才培养模式的范式，同时应具有其自身独特的内涵特征。

第一节　职业本科人才培养体系建构

当前高职院校在积极探索职业本科，对职业本科人才培养体系尚未形成统一的标准认识，仍处于各自摸索阶段。厘清职业本科人才培养体系的特征、建构理念与思路框架，有助于高职院校构建合适的高水平的职业本科人才培养体系。

一、职业本科人才培养体系特征

（一）注重高层次定位

职业本科人才培养定位是职业本科办学的基点，是人才培养的根本方位。职业本科人才培养定位一定是与经济社会发展紧密相关的。当前中国制造正向中国"智造"转变，迈向中高端，数字中国以及国家创新驱动等战略的实施，对技术技能人才需求层次上移。高职培养的高技术技能人才已满足不了产业现代化、高级化的人才诉求。2021 年年初教育部办公厅印发《本科层次职业教育专业设置管理办法（试行）》，明确了职业本科高校建设围绕"高层次技术技能人才"这一培养目标。因此，职业本科人才培养体系必然要注重高层次定位，彰显职业教育的本科层次。王学东、马晓琨等学者也认为职业本科教育要着眼于“高层次”培养技术技能人才。但对于“高层次”的内涵，目前还没有形成统一的认识。例如，吴学敏认为，职业本科人才应体现金的人格、铁的纪律、美的形象、强的技能、创的精神五方面的高层次特征。方泽强认为，高层次体现在创造性地运用理论知识解决复杂的现场技术问题，而且具有高水平的操作和应用能力。李政认为，高层次应该表现为技能人才的专业性。可见，职业本科人才培养的“高层次”应表现在具有高超的专业实践能力与高尚的职业价值观，能胜任当前与未来产业发展的工作岗位。

（二）注重德技双修

教育的本质是育人，是实现人的全面发展，本科层次的职业教育更不能例外。2018 年召开的全国教育大会上，习近平总书记强调立德树人，努力构建德智体美劳全面培养的教育体系，打造综合素质过硬的高校人才。职业本科高校肩负着我国新发展阶段高层次技术技能人才培养的重任，在人才培养过程中要充分关注人的全面发展。一方面要将立德树人的任务贯穿于职业本科人才培养的全过程，引导学生德智体美劳全面发展，帮助学生树立理想信念，使培养之人是中国特色社会主义建设所需之人；另一方面要强化技术技能的培养，促进学生掌握先进的技术，使培养之人能解决企业实践发展难题，能够推动我国产业的转型升级、创新发展。所以，职业本科的人才培养规格要注重人才培养的德技双修，其人才培养体系要强调对学生的知识、能力和素质的综合培养，以促进学生思想道德和技术技能的全面发展。

（三）注重产教融合

产教融合是提升现代职业教育社会发展适应性的重要路径，提升学生的技术服务能力是职业教育的本质要求。职业本科教育是应产业升级而生，只有注重技术服务能力培养才能更好地满足产业形态高级化、集成化、数字化变革的人才需求。2021 年，教育部办公厅印发《本科层次职业教育专业设置管理办法（试行）》也明确指出，本科层次职业教育的服务面向是产业基础高级化和产业链现代化，要注重产教融合、校企合作。产教融合依然是职业本科专业人才培养体系的重要内容，也是职业本科专业发展的重要属性。在职业本科人才培养过程中需强调将企业实际生产环境引入教学，将新规范、新工艺、新技术融入教学，追求人才培养与行业发展相统一，提升教学的现实价值。同时，积极探索更高水平的"做中学""学中做"的教学模式，提升高层次技术技能人才培养的契合度和适应性。

（四）注重创新思维

职业本科教育是以职业为导向、以技术为本的教育，培养的高层次技术技能人才不仅能运用新技术、新方法，还要能创造性地解决企业技术问题。这就意味着在职业本科人才培养体系中，不仅要技术教育，也要创新教育，要注重职业本科人才的创新思维的培养。职业本科教育虽然是职业教育的类型，但层次是本科，因此其人才培养体系需兼顾本科人才能力培养的特点，不管是普通本科人才培养，还是应用型人才培养都要强调学生创新思维的培养。浙江广厦建设职业技术大学王兴提出，本科层次职业教育应培养作为"技术人""职业人""完整人"的高素质技术技能型人才，以提升技术应用能力为核心，突出"应用性""层次性""创新性"和"复合性"；广东工商职业技术大学方泽强认为，职业本科应培养"将理论转换成具体的操作构思或产品，并组织实施和指导生产实践"的高层次技术技能型人才，即技师、高级技师，具备创新性、复合性、行业性和可持续发展能力；南京工业职业技术大学王博认为，职业本科与高职专科相比，其专业对接的职业岗位和岗位群发生了上移，培养定位应瞄准高端性、复合性、创新性。职业本科人才培养是以技术技能积累与突破为基础的创新，更侧重使学生形成理论化、抽象化的技术知识体系，熟练从事技术创新相关工作，具有创新意识、创新精神和创新能力，不仅能动会用，更能够突破创新。

（五）注重贯通融合

职业教育类型分为中等、专科与本科三种类型。普通高等教育类型分为普通本科、应用本科以及硕士研究生、博士研究生。目前职业教育有几种贯通模式：中高职一体化模式（中职与高职贯通），专升本（高职与普通本科、应用本科贯通），联合本科（高职与普通本科、应用本科贯通），独立职教本科。不同层次的教育贯通是促进人全面发展的重要路径，是满足人民对更好教育的诉求的重要举措。因此，职业本科人才培养体系必然要注重与中职、研究生等类型层次的贯通，打通学生对高层次技术教育的追求之路。另外，国家为推动高素质技术技能人才培养，积极构建 1+X 证书制度体系、社会培训体系，因此，职业本科人才培养体系必然要体现与 1+X 证书制度体系融合，推进人才培养满足产业发展诉求，同时也要体现育训并举，落实国家实施学历教育与培训并举的措施。

二、职业本科人才培养体系建构的理念

人才培养体系是为实现人才培养目标，整合校内外资源，发挥教育要素价值的一个有机整体。从系统论看，职业本科人才培养体系是各相关教育要素的组合并形成相互作用、相互促进的关系结构。因此，建构职业本科人才培养体系的重点在于教育要素的提质以及创新组合。

第一，要强化专业技术与教育要素的融合。职业本科教育的定位是培养高层次技术技能人才，能够在职业岗位中运用先进技术，能够创造性解决产业升级中的复杂问题。因此，职业本科人才培养体系要强化专业技术与教育要素的融合，真正实现职业本科人才目标。首先要引导新技术、新规范与新工艺进教材、进课堂、进课程体系，实现教学内容的先进性；其次要探索“岗课赛证”融通，将行业标准、竞赛标准、1+X 证书考核标准等融入课程、融入人才培养体系中；最后是提升教师、校内外实训基地、教学资源等要素的高水平化，以支撑高技术人才的培养。

第二，要坚持理论与实践并重协同育人。职业本科教育在人才培养过程中要循守职业教育的本质，需更高水准地推进产教融合，强化人才培养的实践育人环节，同时还要坚守宽厚的隐性知识是培养高技能的基础这一成长规律。故在职业本科人才培养体系的建构中，要注重理论与实践并重协同育人。一方面对接新型产业、产业升级的人才能力需要，深化产教融合，打造多主体育人，推进产学研合作协同育人；另一方面要构建工学交替的实践教学体系，支撑学做一体化模式。提升学生的技术技能培养，可以借鉴职业教育多年探索的现代学徒制、订单班等实践教学模式。

第三，要促进人的全面发展。人才培养体系是促进人的全面发展的根本保障。职业本科人才培养体系首先要体现人生观、价值观与世界观的培养，重点体现本

科人才职业能力的拓展性发展，体现职业教育的职业技能性发展，同时还要尊重学生差异性发展。在人才培养目标上要五育并举，在课程体系构建上要有层次性、先进性，在教学模式探索上要有多样性，在人才培养模式上要有灵活性，在管理制度上要有基本原则和弹性，以满足学生发展的共性需求和个性需求，从而促进学生的全面发展。

第四，要践行国家职业教育改革方针。为推进现代职业教育提质培优赋能产业发展，国家教育部等部门出台了一系列的职业教育改革措施和指导意见。比如《国家职业教育改革实施方案》提出要完善高层次应用型人才培养体系，促进产教融合校企“双元”育人，促进“1+X”证书制度的实施等教改精神。2021年全国职教大会提出要深入推动“岗课赛证”综合育人。2020年教育部印发《高等学校课程思政建设指导纲要》，强调高校要全面推进课程思政建设，回答好“培养什么人、怎样培养人、为谁培养人”这一教育的根本问题。职业本科人才培养是国家职业教育改革的重要内容，也是践行产教融合、“岗课赛证”融通、课程思政建设等国家职业教育改革措施的重要载体。建构职业本科人才培养体系必然要贯彻落实国家职业教育改革方针，保障高层次技术技能人才培养能够满足产业升级发展、创新发展等高端技术技能人才需求。

三、职业本科人才培养体系建构思路框架

（一）目标层：高层次技术技能人才培养

厘清人才培养的规格与目标是建构人才培养体系的首要问题，职业本科人才培养体系是培养高层次技术技能人才，这一点从学校人才培养的顶层设计到专业的人才培养方案必须明确。从学校层面看，在构建职业本科人才培养体系的过程中，需要廓清区域的产业结构、技术技能人才需求层次，同时也要廓清职业本科人才培养目标与专科、应用本科以及普通本科人才培养的定位区别。基于此要从顶层设计专业人才培养的目标方向，引导优化本科专业布局、选择育人路径等，为各专业开展人才培养提供准确指向。从专业层面看，真正落实高层次技术技能人才培养的载体，区域产业升级需要什么样的高技能人才，职业本科专业就要培养什么样的技术技能人才。因此，开设职业本科的专业要深入调研产业升级发展

的人才需求点，梳理清楚本专业高层次技术技能人才的知识、能力与素质目标。以浙江工贸职业技术学院与本科高校合办的机械工程专业为例，学校采取联合办本科的模式，为区域激光装备制造产业提供了高技能人才。该校通过对长三角地区的激光装备制造产业的人才需求调研发现，职业等级分为中级工、高级工、技师和工程师与高级工程师，对应不同的岗位与培养层次。其中中职可完成中级工的培养，高职可完成高级工的培养，职业本科可完成技师的培养，普通本科可完成工程师与高级工程师的培养，因此机械工程职业本科专业将人才培养层次定位为以技师为主，高级工为辅。同时，通过对该产业集群的岗位能力要求进行梳理，将职业本科人才培养目标定为熟悉激光设备生产流程，具有一定的质量管控能力，熟悉各类激光设备加工工艺，能够设计安排高等复杂程度的零件激光加工，以区别于高职的设备检测、维修能力培养，也区别于普通本科光、机、电各种功能的系统综合设计。

（二）主体层：多元育人主体的内涵建设

高水平职业本科教育是现代职业教育提质培优的重要方向，也是学校办职业本科的追求。高职院校既是职业本科的办学主体也是育人主体，其内涵升级建设是办高水平职业本科专业的基础，是高技能人才培养质量的保障，因此，推进多元育人主体的内涵建设可以归为职业本科人才培养体系构建的重要内容。首先是高职院校内部升级建设。高职院校作为职业教育的主力军，虽然在培养技术技能人才方面有着得天独厚的基础优势，但如何从培养高职层次的技术技能人才跨到培养本科层次的技术技能人才，首先需解决的是对目前自身的办学条件升级改造。比如高水平的双师队伍建设机制、校内外实践基地建设机制、数智化教学资源建设机制等，以保障职业本科人才培养主体的硬软件标准提升，来支撑高层次技术技能人才的培养。其次是构建学校、企业、行业协会、政府等育人命运共同体，以服务产业发展为逻辑基点，推进校校合作、校企合作等，整合校内外育人资源，为深化产教融合、实施学徒制等人才培养模式等教育改革增强职业本科育人主体优势，从而强化高校培养高层次技术技能人才的能力。

（三）模式层：人才培养模式的创新维度

人才培养模式是提升人才培养效率与质量的关键。不管是普通高等教育还是职业教育，人才培养模式的创新是其教育改革的重点主题。人才培养模式改革虽无统一标准，但却有范式可以参考，比如可以从培养理念、培养目标以及培养方式等方面去探索，同时融入产教融合、专创融合、产学协同、“岗课赛证”融通等元素。职业本科专业在设计人才培养模式时，可以从明确人才培养的理念、目标、主体以及方式等维度出发，探索适应本科层次的职业教育人才培养模式。比如在人才培养理念方面要深化产教融合，要坚持课程思政育人，要推进“岗课赛证”融通，也可以借鉴现代学徒制人才培养理念，彰显职业教育的特色；在人才培养主体方面要探索多元主体协同育人，凸显技术技能培养的特点；在人才培养方式方面要根据专业特点推进“岗课赛证”、专创融合等模式，增强高层次技术技能人才培养的社会适应性。

（四）平台层：协同育人平台的创新打造

职业本科教育的实施离不开协同育人平台，协同育人平台是专业推进产学合作协同育人、产教融合育人以及多主体协同育人等育人模式的重要载体。一是学校、学院以及专业等不同层面可以结合自身的专业优势、机制优势，联合产业、行业协会等社会主体建立产业学院，更好地服务区域产业的转型升级发展。二是专业群借助区域行业协会构建实践服务共享平台，整合区域中小企业资源，为职业本科学生提供中小企业的实践机会。一方面助力中小企业克服技术瓶颈、提高创新能力，能更好地匹配产业链的现代化发展；另一方面通过服务中小企业锻炼学生的新技术应用能力，从而提高学生的技术技能服务能力。比如南京工业职业技术大学结合本科职业教育试点目标和创新创业教育发展趋势与自身特色，打造支撑平台“升级版”，整合创业、产业等教育资源，培养学生的基础创新能力和应用能力。再如浙江工贸职业技术学院与本科高校合办的机械工程专业，依托国家级协同创新中心平台，整合资源，联合威马、亚龙等龙头企业，开展机械工程技师层面的人才培养。

（五）保障层：多层级、多层面的体系联动

高职院校从多层级、多层面建立切实可行的职业本科教育生态体系，是职业本科人才培养有序开展的根本保障。从学校层面看，可以综合考虑普通本科、应用本科以及高职专业的管理模式，梳理建立职业本科教育的管理体系，如学位管

理制度、教学管理制度、实训实习管理制度、招生就业制度、教学质量监控制度以及教学改革试点等激励考核制度，既遵循本科教育管理的规则，也坚持职业教育的本色，发挥职业本科教育的价值。以立德树人为根本指向，结合学校办学模式、办学特色设计三全育人体系、课程思政实施体系等，实现为中国特色社会主义强国建设培养高层次人才的使命。从专业建设层面看，要重塑课程体系以适应职业本科层次的需求。职业本科专业要对照产业岗位群的能力要求、"1+X"等职业技能等级标准以及行业竞赛标准，梳理专业基础、专业核心以及专业拓展等课程模块，同时匹配相应的创新发展课程模块，形成"通识课＋专业平台课＋专业核心课＋拓展课"的课程结构体系。同时，构建"课程内实训—专项实训—综合实训—企业实践"的实践教学体系，递进式培养学生的技术技能，提升技术技能培养与企业的匹配度，保障职业本科高层次技术技能人才的培养质量与社会适应性。从教师层面看，针对职业本科教育的要求，建立教师发展体系、三教改革体系等，打造高水平职业本科教学创新团队，为职业本科人才培养提供有力的师资保障。

第二节　职业本科人才培养模式设计

职业本科专业要有效实现培养高层次技术技能人才的目标，需要探寻适宜的人才培养模式。目前部分高职院校开设了职业本科专业，对于人才培养模式的实践探索，既有普通本科的人才培养影子，又有高职教育的人才培养做法。基于此，本节将剖析职业本科人才培养模式的内涵与要素，同时提出职业本科人才培养模式的设计原则与基本框架，以供探索职业本科人才培养模式者参考借鉴。

一、职业本科人才培养模式的内涵

人才培养模式的根本内涵是模式，所谓模式是指可遵循、可再现、可简化的一种标准形式。而对于人才培养模式的具体定义在学术界中也存在着不同的说法，有学者从过程的视角认为人才培养模式是对人才培养过程质态的总体性描述，是对整个人才培养过程的一种设计、构建和管理，在整个人才培养体系中发挥着统率作用。但也有学者从方式的角度界定“人才培养模式”，强调它是指通过建立并运用教育与教学的方法，或者通过一定的培养方式与方法设计，从而达到人才培养目标。也有研究者从结构要素的角度将人才培养模式细分为不同要素构成的组合体，或提出它是整个人才培养过程中管理模式、教学模式和课程模式的统称和集合体。综上所述，人才培养模式是人才培养的结构和过程及其相互关系的模式，它涵盖了人才培养的方向、目标、内容、过程、途径、制度、评价等七个基本要素，因此，笔者将从这七个基本要素去把握职业本科人才培养模式的内涵。

（一）人才培养的方向内涵：要服务地方高质量发展

职业本科教育的人才培养方向应明确服务于地方高质量发展，致力于培养适应新时代经济社会发展各领域需求的高端技术技能人才及应用型人才，确保教育资源的有效利用与人才输出的精准对接。职业本科专业在确定人才培养模式时，必须要以服务地方经济社会高质量发展为宗旨，准确把握地方产业高级化、现代化以及产业数字化和绿色创新发展的人才诉求，培养当地经济发展亟须的高端技术技能人才及应用型人才。

（二）人才培养的目标内涵：要培养高层次技术技能人才

人才培养目标是专业人才培养质量与规格的总体要求。职业本科作为职业教育的高等层次，其人才培养目标须兼具职业教育与高等教育的双重特征。简而言之，职业本科旨在为中国特色社会主义新时代培养面向生产、建设、服务和管理等领域的高层次技术技能人才。职业本科专业在确定人才培养模式时，要以“高层次技术技能人才”为总目标，在结合专业与产业对接的环节、层次中，明确各个专业的具体人才培养目标。

（三）人才培养的内容内涵：要融合新知识、新技术与新规范

人才培养内容直接关乎人才培养目标能否达成，它是所有课程内容的概括、总称，涵盖知识、技能、行为规范、价值观和世界观等，通过课程体系实现人才培养目标和内容的有机结合。职业本科面对新一轮科技革命和产业变革，课程既

要强调高等教育的学科性，也要注重职业教育的实践性，更要适应新时代的经济社会发展需要。因此，职业本科的课程要体现新知识、新技术、新规范的高层次深度融合，要参照行业职业技能等级标准、职业从业标准，与企业合作开发教学资源内容，注重学生高层次职业综合能力的培养。

（四）人才培养的过程内涵：要坚持工学结合、理实融通

在职业本科教育中，人才培养过程需坚持工学结合、理实融通的理念。这一过程以人才培养目标为导向，通过科学的原则和方法，有效推进教学活动，是创新人才培养模式的关键环节。职业本科人才培养过程要符合职业本科的特征，在注重理论学习的同时也要注重实践锻炼，而高层次技术技能人才培养路径体现在“理论→实践→创新”的过程中。因此，职业本科人才培养模式亦要坚持工学结合，学校可以利用职业教育产教融合、校企合作的优势创新工学交替的教学模式，使得教学内容理实融通、有效落实，保障专业高层次技术技能人才培养目标的实施。

（五）人才培养的途径内涵：要深化产教融合、校企合作

人才培养途径是实现人才培养的通道。职业本科人才培养通道构建要将实践基地教学与学校教学融合，要将企业的文化培训、知识培训及技能培训与课程教学融合。通过校企合作，在龙头企业建设专业实践基地，在学校建设职场化的教学环境，构建模拟与实战双循环的工学结合人才培养路径，从而实现“产与教”的深度融合，促进学生职业能力和专业服务经济社会的能力建设提升。

（六）人才培养的制度内涵：要注重人性化与弹性化结合

人才培养制度是人才培养方案实施的保障和前提，主要包括专业设置、课程重修、学分互换、修业以及日常教学管理制度等。职业本科人才培养应以地方经济社会发展需求为导向，构建具有终身职业教育贯通、学分互换与学分银行实施、弹性学制以及工学结合等特点的人才培养制度体系，促进学生的个性全面发展，提升高等职业教育的现实意义。

（七）人才培养的评价内涵：要实现育人和管理功能并重

在职业本科教育中，人才培养评价需同时强调育人功能和管理功能。评价旨在通过设定标准和方法，全面评估人才培养的成效，以确保人才培养目标的有效

实现。职业本科人才培养可以剖析其他类型教育的评价方法、标准，从自身人才培养的层次出发，围绕“谁评价、怎么评、评什么”的问题，构建多元的评价体系，促进学生的个性价值和社会价值的全面发展，在教学中发挥育人功能，在管理中发挥管理功能。

二、人才培养模式的要素解析

人才培养模式是学校人才培养系统中至关重要的子系统之一，是多种基本要素的综合体，其明显特征是组成要素极其复杂、组合形态变化多样。高校在革新人才培养模式时，关键在于优化其要素结构。为实现这一目标，首要步骤是深入解析人才培养模式的各个构成要素。

（一）人才培养理念

人才培养理念贯穿于高校顶层设计、专业建设规划及教师教学设计的全过程，是人才培养模式的灵魂。它不仅是人才培养的指导原则，更回答了如何培养人的核心问题。在理论上，它揭示了人才培养的内在逻辑与最终价值；在实践中，它指导着人才培养的全过程，包括培养程序与环节的设计，对人才培养模式的其他要素选取和组合起着决定性作用。

（二）专业设置模式

专业设置模式作为人才培养模式的关键组成部分，强调与产业结构相匹配、与市场需求相适应，涵盖学科门类的设置。专业设置通常涉及口径、方向、时间、空间等多维度的考量，以确保教育资源的有效配置和人才培养的针对性。专业口径设置指的是在一定专业范围内所涉及的广泛学科以及相关业务的覆盖范围。专业口径亦有大小宽窄之分，因此专业口径的设置一方面要能够培养出具有普遍适应性的受教育者，另一方面要能够实现在学制之内完成对合格人才的培养。专业方向设置则是指专业口径范围内所分化的专攻方向及其分化程度，比如现代物流管理，在实践中有国际物流、港口物流等方向。专业时间设置指的是学生分流培养的时间有早晚、松紧之分，既可以一进校门就分流，也可以模糊专业身份，到一定阶段再定向培养。专业空间设置指的是学生选择专业后，在专业能力拓展或专业调换的机制。

（三）课程设置方式

课程设置是指专业为达到人才培养目标所需要的教学科目及其目标、任务、内容、范围、进度和活动方式等的总体规划。课程设置是否合理，是衡量培养人才的质量、规格和要求是否达到预期目标的标尺，是衡量学校办学方向和效益的标尺，也是评价人才培养模式现状的标尺。职业本科专业可以结合应用型本科与高职专业的课程设置，从课程结构、课程内容等方面进行总体规划。课程结构是指课程门类或内容的组织形式，课程内部各要素、各成分的内在联系和相互结合的比例关系变化，对课程功能产生直接的影响。课程内容指的是根据教育观及相应的课程目标，从科学知识、经验中选择和组织的案例、观点、法规和问题等有机要素。

（四）教学制度体系

教学制度体系是为了落实教学管理目标而制定的与人才培养的微观过程密切相关的规定、标准、程序及其实施的体系，它是维持正常教学秩序、促进学校健康发展的基本保证。职业本科教育的教学制度体系的核心内容应该包括学分制、选课制、导师制、实习制、日常教学管理制度等。它们自成体系，却又相互关联。以学分制为例，它是以选课制为核心思想，以学分计量制度为重要基础，以导师制为重要条件的学分转换、积累、互认的一种教学管理制度。

（五）教学组织形式

教学组织形式是指为了完成教学任务与实现教学目标，教学主客体借助一定的媒体，围绕学生知识的获得、智力的形成和人格的提升，在一定的教学时间和空间中相互作用的方法、结构和程序。教学组织形式服务于教学目标的达成，教学内容的实施以及教学方法的运用，直接影响教学质量。在实践教学中，教学组织形式通过设计师生组合方式，安排教学的时间和空间，有机组合教师与学生、教学时间、教学空间、教学内容、教学手段等教学活动构成要素。教学组织形式经历了从中世纪的读课（lectio）、辩论（disputatae）、学徒制游学，到文艺复兴时期的习明纳（seminar）、讲座制（academic chair system）、实验教学，到近代的视听教学（audio-visual instruction）、计算机辅助教学（computer assisted instruction）的衍变，不断提升专业人才的培养质量，以满足个人和社会的发展需求。

（六）教学管理模式

教学管理模式是指在一定教学管理理念指导下对教学过程进行计划、组织、评价、指导、协调，以得到最优化的教学资源配置，实现教学目标的过程。教学管理模式涉及诸多要素：教学计划、课程等“事”要素，教室、实验室、多媒体设备等“物”要素，教学文件、学生成绩、课表等“信息”要素，教师、学生、教学行政管理人员等“人”要素。教学管理模式在一定的社会条件下，会随着各要素的变化而变化。职业本科教育作为一种新生的教育类型，其教学管理关系到职业本科是否有序发展，因此，应汲取高职院校和应用型本科院校的经验，创新“以规章制度为本”的管理模式，依照规章程序的程序化管理进行教学管理，保障教学管理的统一性、标准性、计划性，不断促进教学管理水平的提高。

（七）隐性课程形式

课程指的是学习主体在学校场域中产生积极发展的教育因素和教育性经验的总和，一般可划分为两大类：显性课程和隐性课程。显性课程是教学主体以一定的教材为依托，有计划、有组织地实施教学，达到预期教学目的的课程；与之相对应的隐性课程指的是教师在授课过程以潜移默化的形式，在受教育者身上有意识或者无意识地发生作用的教育因素和教育性经验的总和，它是一种潜在的、内发的课程。学生习得知识、确立世界观、形成道德规范，确立兴趣和志向，都离不开隐性课程和显性课程的共同作用，职业本科教育也不例外。若仅有显性课程作用于学生，离开了隐性课程的学习，将是不完整的学习。

（八）教学评价方式

教学评价是根据一定的标准，以目标为导向，系统性地对人才培养过程、质量和效益作出价值判断的过程。教学评价分为两个层面：微观层是对教学实施的水平和学生学习的成绩进行评价，引导教学改进与激发学生的学习主动性；中观层是对学校办学的整体质量的评价，引导学校教学诊断与改进。作为职业本科专业的教学评价方式，它不仅要能从内部界定教育的质量，还要能衡量高层次的人才培养标准，所以，教学评价是检验高层次技术技能人才培养效果的方式和对教育主客体的身心施加积极影响的有效手段。

三、职业本科人才培养模式设计的原则

（一）坚持系统论与要素论

众多学者对人才培养模式有不同的理解与说法，有“人才培养规范”说，有“人才培养系统”说，有“教育过程总和”说，有“培养活动样式”说，有“人才培养结构”说，有“整体教学方式”说，等等。综上所述，人才培养模式可以界定为“人才培养的系统”。人才培养本身可以说是一个系统性工程，它包括人才培养的理念、主体、客体、目标、途径、模式与制度等要素，而人才培养模式是“人才培养”系统中最重要的要素系统，即人才培养模式是由诸多要素有机结合的整体，具体表现为由导向性要素——培养目标、规范性要素——培养规格、关键性要素——课程体系、表象性要素——教学形式、保障性要素——运行机制、凭借性要素——教学方法、补充性要素——教学途径、促进性要素——隐性课程等构成的有序系统。这些要素相互作用、相互影响，共同促进提升人才培养的质量与效率。职业本科人才培养也不例外，我们要设计职业本科人才培养模式，从职业教育属性和高层次人才培养定位出发，结合人才培养模式的构成要素，围绕要素创新实施方法，同时从系统的角度进行要素创新组合，形成具有职业教育特色的人才培养模式。

（二）注重时代性与创新性

职业教育的人才培养一定是满足当前经济社会发展需求的，人才培养模式必然会烙上时代之印。职业本科人才培养模式设计必然要与我国新发展阶段经济社会发展紧密联系，保证高技能人才的时代性和实用性，保证高技能人才的培养质量与效率，实现人力资源的可持续发展。人才培养模式虽有基本的构成要素，但人才培养模式的改革创新一直是教育变革的主要内容。职业本科人才培养模式作为培养高层次高技术技能人才探索的核心环节，应从学校层面与专业层面出发，从教育理念到培养主体、从人才培养定位到培养模式、从学生学习到老师教学、从培养途径到培养制度，在探索和构建中不断与时俱进，不断优化与创新，赋予职业本科人才培养模式的时代内涵。

（三）体现行业性与应用性

职业教育的人才培养是以“就业为导向”，面向行业培养“职业人”的教育。面向行业培养技术型人才，行业的高层次技术技能人才需求是职教本科专业培养人才的基本依据。职业本科人才培养模式必然要通过专业设置调整，适应行业发展需求，甚至引领行业的发展。同时，人才培养注重高端应用能力的培养，人才培养模式的探索要以高层次技术技能型人才培养为根本任务，设计人才培养方案，创新人才培养方式，增强职业人才培养的应用性。

（四）遵循理论性与实践性

人才培养模式回答的是怎样培养人，完成的是育人育才的工作。不同类型教育的人才培养模式虽做法不同，但目的一样，都是培养经济社会发展所需的人才，它们都要遵循教育的规律与本质，都要体现知识、能力与素质，只是职教本科更体现应用能力。因此，在构建职业本科人才培养模式过程中，既要考虑人才成长的规律以及育人本质，注重德智体美劳的全面发展，同时又要不断去探索育人主体、培养过程以及评价体系等，在实践的基础上完善、修正，最终形成具有校本特色的人才培养模式。只有既符合教育理论又经过实践证明了的人才培养模式，才是行之有效的、具有推广价值的模式。

（五）强调内涵式发展道路

内涵式发展是结构模式发展的一种发展类型，是指在以人为本的基础上，以事物内在要素为发展动力，事物内在本质属性的科学式、上升式发展模式。从职业本科人才培养的高层次定位看，职业本科教育必须紧密结合行业的前沿技术创新、管理创新等，抓住高等职业教育改革的机遇，走内涵式的人才培养道路，保障人才培养与产业高级发展相契合，从而实现职业本科教育的社会价值。因此，职业本科人才培养模式的设计必须要注重人才的内涵培养，将人才培养的高层次性、高适用性以及高拓展性作为人才培养模式实施的目标。要依托学校办学条件，整合校内外教育资源，围绕人才培养的要素，积极探索改革，培养能够适应我国产业转型升级、科技创新发展、中国数字化以及乡村振兴等社会发展所需的高技能人才。

四、职业本科人才培养模式的基本框架

（一）人才培养目标定位：要凸显技术性与职业性相结合

职业本科人才培养模式首先要考虑的问题便是人才培养目标。职业本科教育培养的是适应生产、建设、服务和管理等经济社会发展领域培养高层次的技术技能人才，注重人才的实用性技能和职业技能的培养。因此，职业本科人才培养目标应要求学生既要掌握扎实的专业基础理论知识，又要具备高超的实践技能，还要具备综合职业素养，凸显人才培养的技术性与职业性。以浙江工贸职业技术学院欲设置的现代物流管理职业本科为例，在人才培养方案的制订中，除了培养学生能对大数据进行统计、执行物流给定方案、进行基本物流管理及智能设备操作，还要培养学生能进行大数据分析、能进行物流方案设计、能进行供应链运营管理、能进行智能设备操作与维护等能力。

（二）人才培养理念：要坚持课程思政与岗课赛证协同育人

职业本科人才培养的根本任务是“立德树人”，高校对课程思政的实践探索已经从“点”上升到“面”。“将高校思想政治教育融入课程教学和改革的各环节、各方面”，实现各类课程与思想政治理论课的“同向同行”，也是职业本科人才培养遵依的教育理念。“岗课赛证”融通综合育人是培养高技能人才的重要途径，其理念蕴含于我国职业教育的实践和职业教育改革的政策中。2010年，党中央、国务院颁布的《国家中长期教育改革和发展规划纲要（2010—2020年）》（以下简称《教育规划纲要》）明确提出“坚持德育为先，促进德育、智育、体育、美育有机融合”，“开展职业技能竞赛”，“积极推进学历证书和职业资格证书‘双证书’制度”，“实行工学结合、校企合作、顶岗实习的人才培养模式”等一系列战略举措。近年来，我国职业院校围绕“岗课赛证”融通与课程思政建设进行了持续有益的探索实践，两者协同育人便是职业教育人才培养实践的结果，也是其实践的路径方向。职业本科作为职业教育在人才培养模式的探索中自然需要以课程思政建设与“岗课赛证”融通协同育人来推进高技术技能型人才的培养。以浙江工贸职业技术学院欲设置的现代物流管理职业本科为例，在人才培养方案中，坚持两者协同育人的理念，从专业建设层面推进课程思政建设、“1+X”课证融通、课赛融通等，

促进专业育人与育才的统一。

（三）人才培养主体：要形成双元主体协同育人

对于职业本科教育来说，“校企合作、产教融合”仍是其重要内涵，简单说，就是要与企业深度合作，实现高校与企业之间的资源共享，促进高校、企业与学生三方的共同发展，形成双元主体协同育人。从学校层面看，一方面构建校企命运共同体机制，引导企业参与人才培养的过程；另一方面要设计职业本科人才培养目标与地方产业互动的调整机制，提升人才培养的实用性。从院系层面看，构建实习、教学培训、资源共享等管理制度，构建校企合作平台，落实学校产教融合要求，引导专业推进人才培养实施。从专业层面看，与龙头企业合作，推进工学交替的人才培养方式，推进校企在课程开发与课程体系重构、人才培养方案制订、培训开展等方面的共同合作，推进顶岗、轮岗实习与毕业设计一体化，同时实现资源共享，包括师资队伍共享、教学资源共享，优化职业本科人才培养的条件。以浙江工贸职业技术学院欲设置的现代物流管理职业本科为例，专业依托温州现代物流学院，整合政府、企业、协会等资源，构建多方协作育人共同体。一方面完善校企协同育人机制，推进校企融合，即与京东物流、顺丰速运等相关企业建立紧密的校企合作关系，优化具有产学研一体化功能的校企融合机制，建设紧密性校外产教融合实训基地，打造校企合作的新高地；另一方面推进教育、培训等资源共建共享，实现开发协同。以校企为核心，多方参与、共建物流人才培养方案、课程标准、专业课程资源、培训课程资源；建立共享型实践教学基地，利用物流管理专业“1+X”证书试点的优势，开展职业技能等级培训考核合作、项目制培训合作等，实现协同发展，实现多赢。

（四）人才培养课程体系：要科学化与系统化结合

职业本科人才培养的课程体系是培养高层次技术技能人才的根本保障，是职业本科人才培养模式的关键。职业本科既区别于普通本科、应用本科，也区别于高职专科，但又具有本科教育和职业教育的特征，因此，职业本科的课程体系既要体现本科的学科特征，又要体现职业教育的实践性与技能性特征，即要构建科学化、系统化的课程框架，包括通识课程、专业基础课程、专业核心课程、专业拓展课程、专业实践课程等。通识课程注重人文、思想政治、身体素质等综合素质的培养，包括人际交流能力、问题解决能力以及学习能力等。专业基础课程注重学生知识厚度的培养。专业核心课程强调理论与实践结合，注重专业知识的应用能力培养。专业拓展课程注重学生知识、技能的广度培养，能够适应岗位迁移与升级的需求。专业实践课程注重实践技能的训练和形成，注重学生动手能力和操作能力的培养。以浙江工贸职业技术学院欲设置的现代物流管理职业本科为例，在人才培养方案的制订中，设计了通识课程、专业基础课程、专业课程、专业拓展课程以及实践课程。其中专业基础课程，包括管理学、经济学、计算机科学与技术、信息管理、物流管理基础等，以培养学生系统的现代物流基础理论知识和技术技能。专业课程，包括供应链管理、物流成本管理、运输管理、采购与仓储管理、配送管理、物流信息技术、物流设计与优化等，培养学生具备物流数据分析决策能力、智慧物流的运营与操作技能以及数字化供应链管理思维，能进行大数据分析、能进行物流方案设计、能进行物流部门运营管理、能进行智能设备操作与维护。专业拓展课程，包括营销策划、人力资源管理、电子商务等，培养学生岗位群的职业拓展能力以及创新创业能力和可持续发展能力。实践课程，包括跟岗实习、毕业设计、顶岗实习等，培养学生适应岗位（群）需要的专业核心技术技能。

第四章　职业本科人才培养资源与条件

职业本科师资队伍建设是教育教学组织的重要任务，教师团队是教学实施的主要执行者，而实训基地、教学资源及教材则是教学实施的主要载体。强化师资基地与资源建设是高质量发展职业本科教育的重要保障。

第一节　职业本科高素质“双师”队伍建设

师资队伍建设是突出大学办学水平、影响办学质量的重要保障之一，是实施高素质人才培养的核心资源，是提升学校美誉度和竞争力的重要因素。2016 年 5 月，时任教育部高等教育司司长张大良在“一流大学本科教学建设高峰论坛”上指出:“评估一所大学能否提供一流的本科教育，有五个最基本、最核心的观察点，首要的是师资力量，即学校是否拥有一流的师资力量。”哈佛大学校董、著名经济学家索洛夫斯基认为，“从教育规律来说，哈佛大学成功的一个至关重要的因素就是聘请高素质的教师，有好的教师才有好的大学”。俄罗斯教育学的创始人康德乌申斯基指出:“教师对学生的影响是任何学校任何规章和大纲、任何组织都不可能代替的一种教育力量。”师资队伍的重要性已经成为共识，本科层次职业院校建设中拥有一流的师资队伍是培养高素质技术技能人才的保障，是支撑教育教学工作的基础。

一、职业本科“双师”队伍建设体系的逻辑

职业本科教育有三个层次的关系：教育属性、专业属性、本科属性。其师资队伍是基于纵向贯通、横向融通的现代职业教育体系逻辑发展而构建的。

（一）师资队伍建设根本方向

在职业本科教育中，师资队伍建设的根本方向在于立德树人，这是教师职业发展的基石。教师的专业成长和教育教学水平必须紧密围绕学生的成长需求与人才培养的具体要求。作为职业本科教育的核心推动者，教师不仅要胜任教学工作，更要深入理解并贯彻职业本科教育的人才培养目标与定位。习近平总书记在全国教育大会上明确指出，教育的根本在于培养人，而培养什么样的人、怎样培养人、为谁培养人，是教育工作中必须深入思考的问题。职业本科教育同样需要遵循这一根本原则，坚持社会主义办学方向，全面贯彻党的教育方针，将立德树人作为教育的根本任务。

职业本科教育旨在培养具备高度专业素养、创新能力和实践能力的技术技能型人才。这类人才不仅要能够胜任生产、建设、管理和服务的第一线工作，更要具备解决复杂问题的能力和可持续发展的潜力。这与专科层次培养的中高级技术技能型人才有着明显的区别，体现了职业本科教育在人才培养目标上的高层次和创新性。为了实现这一目标，教师队伍必须具备更高的专业素养和综合能力。在教学能力上，职业本科教育注重创新思维和实践能力的培养，要求教师能够系统地整合专业理论知识和专业技术，引导学生掌握先进的生产技术和管理方法。同时，教师的师德、政治品德和学术素质也是教师队伍建设的重要方面，这些素质不仅影响教师个人的成长和发展，更关系到学生的成长和教育的质量。

（二）“双师型”教师发展基本思路

第一，遵循职业教育的基本方针。2019 年 1 月，国务院颁布《国家职业教育改革实施方案》，提出要“完善高层次应用型人才培养体系，开展本科层次职业教育试点”奠定了政策基础。同年 10 月，教育部等四部门印发了关于《深化新时代职业教育“双师型”教师队伍建设改革实施方案》，其中明确了职业教育“双师型”教师队伍建设的 12 条措施。对于试点院校的要求和方向，教育部在 20 多

所职业本科学校的批准函中明确指出："进一步健全和完善师资队伍、实训课程、专业教学、技能培训。"

第二，紧扣学校实践的路径和基础。目前，中国已有32所高等职业技术学院成功升格为职业技术大学，成为职业本科教育的试点院校。针对这些试点院校，师资队伍建设是核心任务之一。我们需要在原有高等职业技术学院的基础上，对教师提出新的要求和标准，同时优化教师发展机制，全面提升教师的综合素质。为实现这一目标，我们需要立足现有教师队伍建设发展机制，构建"双师型"教师准入制度，确保新进教师既具备深厚的专业知识，又拥有丰富的实践经验。同时，我们要积极推进校企实训基地的建设，为教师提供与产业对接的实践平台，增强其产业服务能力。在培训方面，我们要特别重视教师培训的"1+X"证书制度，鼓励教师获取与职业本科教育相关的多项专业技能证书，以提升其教学水平和专业能力。

（三）教师队伍建设导向

在教师队伍建设中，我们强调"双师型"教师的培养，这不仅是职业教育的特色，也是推动职业教育内涵发展、提升人才培养质量的关键。与专科相比，本科层次职业教育对"双师型"教师的要求更为深刻和全面。这不仅体现在他们需要具备更高的能力素养和专业水准，以适应职业教育专科、本科、研究生教育的纵向一体化发展，还体现在他们需要同时掌握专业理论知识以及技术开发、产品研制等实践技能，以实现教育类型的横向整合。因此，本科层次的"双师型"教师培养，不仅重视教师能力的提升，更关注其专业素养的全面发展。

（四）"双师"队伍建设国际经验

美国、日本、德国和澳大利亚等职业教育较为发达的国家，对"双师型"教师的要求是学历高、企业资历深、专业知识扎实和实践技能强（见表4–1）。

在国内，"双师型"教师的界定通常基于多种标准，其中最具代表性的是"双证书"标准，即教师需要同时持有教师资格证和职业技能证。此外，还有"双素质"标准，强调教师需具备教师基本素质和技师基本素质，以及"双职称"标准，要求教师同时拥有教师系列职称和工程师（技师）系列职称。更进一步地，还有"双层次"标准，将"双师型"教师划分为两个层次：第一层次是"教师＋技师"，强调教学与实践技能的结合；第二层次是“人师＋事师”，则注重教师的人格魅力和实际工作经验。这些标准各自涵盖了不同的学历特点和资历要求(见表4–2)，共同构成了“双师型”教师的多维度评价体系。

表4–1 德国、日本、美国和澳大利亚“双师型”教师要求与界定

指标国别	德国	澳大利亚	日本	美国
学历资格	博士学位	硕士学位	硕士学位	硕士学位
工作经历	5年及以上	3年及以上	6年及以上	3年及以上
激励措施	与教育官员享有同等的社会地位，终身不被解雇并享有免交劳动保险费的权利	属于公务员，享有同等的权利和社会地位	工资比同等级别的老师高10%，比公职人员高16%	高于公务员收入，原则上工资一年晋升一次
法律保障	《职业训练法》《联邦职业教育保障法》	《职业教育质量框架——教师资格》	《雇佣—能力开发机构》《人才保障法》	《职业教育新任教师的专业发展计划》
工作要求	2/3时间指导学生在企业进行实践教学	定期参加行业学术会议及返回企业工作	在企业从事与教学内容相关的研究或业务	学校授课与在企业工作同步进行

表4–2 国内“双师型”教师的界定标准

标 准	“双证书”标准	双层次标准	双素质标准	双职称标准
条件	教师资格证、职业技能证	第一层次是“教师+技师”，第二层次是“人师+事师”	教师基本素质、技师基本素质	教师系列职称、工程师系列职称
特点	硬性指标	硬性指标；综合素质	综合素质	双系列职称考核
试点学校	大多数职业院校	天津职业大学	福建工程学院	浙江工商职院
学历资历	本科及以上，中级职称，在企工作2年以上，高级工及以上资格证书	本科及以上，中级及以上职称，五年内累计至少两年企业工作经历，近五年主持或参与两项应用技术研究成果	本科及以上，具有相应专业的技术技能，并有实践经历及管理经验	本科及以上，中级职称，企业一线工作两年及以上，中级工程师以上职业资格

(五)“双师”队伍建设基本原则

职业本科教育致力于培养高层次职业技术技能人才，因此，在“双师”队伍建设上，必须遵循基本原则，确保教师既能为企业技术难题提供智力支持，又具备指导学生专业实践的能力。教师应具备宏观视野，紧密跟踪行业前沿动态和发展趋势，不断深化理论武装，以推动专业技术和实践的创新。同时，职业本科教育的产教融合应紧密围绕创新驱动发展战略，构建国家技能形成和工匠精神培育体系，核心目标在于促进人的全面发展。

二、职业本科教育师资队伍建设的路径

（一）立德树人

在职业本科教育中，立德树人是一项根本任务。我们应以“本科”标准深化教师专业标准的研究与制定，同时以“四有”标准夯实师德建设的基础。师德建设是教育工作的基石，对于职业本科教育而言，尤其需要强化社会主义办学方向，将培养社会主义建设者和接班人作为核心使命。教师应具备坚定的政治意识和爱国主义情怀，以“四有好老师”为标杆，自我约束、规范言行。制度建设方面，我们应完善师德师风建设机制，突出“立德树人”的引领作用，设立师德负面清单，运用信息技术建立“师德诚信银行”，强化师德过程管理，并严格执行“师德一票否决制”。此外，还需加强思想教育，开展师德培训，引导教师向楷模学习，深入研读《新时代高校教师职业行为十条准则》等文件，全面提升教师的师德修养。

（二）机制建设

在职业本科教育的背景下，构建一套以激励教师成长为核心的专业发展机制体系是至关重要的。这一体系不仅具有根本性和全局性意义，而且只有确保其灵活性和适应性，才能有效激发教师主动提升专业素养的内在动力。为实现这一目标，职业本科教育应聚焦于能力提升和动力激发，打破当前师资队伍建设中的种种瓶颈，特别是在教师准入、培养及考核等方面。第一，我们需要进一步完善教师准入制度，确保入职教师具备高层次、创新型的职业能力和技术技能。这意味着，我们应基于生产、建设、管理和服务一线的实际需求，制定明确的“双师型”教师资质标准。国家层面应加速研制专业标准，明确“双师型”教师应具备的基本能力素养。同时，各地区应在国家指导文件的基础上，结合本地实际情况和其他省份的成功经验，制定符合地方特色的认定标准。职业本科院校则应在政策指导下，积极邀请行业企业专家、教育同行及研究机构共同参与标准的制定过程。第

二，加强校企合作，构建多元化的教师培养体系是提升教师实践能力的关键。根据《深化新时代职业教育“双师型”教师队伍建设改革实施方案》的指导，我们应建立健全普通高等学校、地方政府、职业院校与行业企业之间的联合培养机制，充分发挥行业企业在教师培养中的重要作用。政府应完善相关政策，鼓励校企合作，引导职业本科院校与当地产业园、科技园内的企业建立广泛合作关系。同时，行业企业也应从长远发展出发，积极建设教师培训基地和工作站，为教师提供实践锻炼的机会。学校方面则应完善教师企业实践的管理制度，提供必要的资金支持和激励措施，鼓励教师积极参与校企合作，不断提升专业实践能力。第三，为了全面评价教师的专业素养和教学成效，我们需要构建一套分类、分级、分层的多元评价体系。这一体系应贯穿教师职业生涯的全过程，为教师提供专业发展效果和工作状态的价值判断。在构建评价体系时，我们应充分考虑教师胜任本科层次职业教育的各项指标，为不同职责和发展方向的教师制定相应的评估标准。例如，我们可以为科研导向的教师、教学导向的教师和实践教师分别制定不同的评估标准，以确保评价的全面性和准确性。

（三）能力培养

为了实现教师“双师”能力的显著提升，我们需要构建一个分层分类的培养体系。首先，应优化教师培训管理体系，确保教师发展中心能够充分发挥其作用。这一体系将基于教师的不同类别和需求，设计个性化的培训计划和课程，以实现分类分层的精准培养。通过建立二级学院教发分中心、教研室以及与企业合作的教师发展中心等，我们可以形成一套从下到上的教师培训组织框架，有效激发各方参与教师培训的主动性和积极性。

在培养机制上，首先，我们将从师德教育、分类培养、遴选、规划以及考察等多个维度出发，构建一个全面、系统、个性化的教师发展体系。这样的体系将能够满足不同专业、不同层次、不同需求的教师发展培养需求，确保每一位教师都能得到适合其发展的培养机会。其次，我们将加强与企业的合作，共同设计教师科研能力培养项目。通过共建教师发展中心、教师工作室以及企业行业技术技能大师师资库等，我们将与行业内的大型龙头企业展开深度合作，共同开展项目挖掘、技术研发和产品研制等工作。这样的合作模式不仅能够帮助教师提升实践能力，还能够促进校企之间的知识共享和技术交流。同时，我们将依托项目或工作室的运营，将专业教师与企业工程师、技能大师等组成团队，共同完成项目和实体业务。这样的团队模式将有效促进校企之间的合作和交流，形成校企结构化的“双师型”教学团队，实现校企双方的互利共赢和可持续发展。最后，我们将实施分级分类的培训策略，充分发挥三级管理效能，并赋予专业教研室更多的权利。以教研室为单位，我们将全面把握教师的培训需求，激发教师的成长动力，并引导他们积极参与培训。通过多方联动和共同实施，我们将确保每一位教师都能得到充分的培训和发展机会，实现教师能力的全面提升。

（四）产教融合

在推进产教融合的过程中，校企双方致力于构建多元化的师资培育机制，通过双元共建模式，共同打造“双师型”教师培训基地。为了满足职业本科院校专业群建设及专业发展的需求，学院在充分的市场调研和沟通洽谈基础上，选择符合条件的企业和科研院所作为合作伙伴，共同建设这一培训基地。为确保基地建设的顺利进行，双方需制定完善的政策制度，明确校企合作中的权责关系，确保双方利益得到平衡和保障。具体而言，需要明确校企合作在教师和教学团队培养培训中的具体实施计划，制定相应的管理制度，以及培训过程中的考核和监控办法。同时，还应明确培养培训成果的形式或合格标准，以确保培训的质量和效果。

三、结构化双师教学团队构建

不断推进教学改革、大幅提高教学质量、强化培养高素质技能型人才逐步形成的具体教育教学群体，是双师队伍建设的目标。因此，“双师型”教学团队可以简化为：以高职教育目标为导向，由专职教师与行业企业兼职教师构成，拥有特定素质和教学分工的专业教学协作群体。这个团队致力于实现高职教育目标，通过融合学校与行业资源，提供高质量的教学服务。

（一）健全教师队伍建设保障机制

机制建设是团队形成与运行的首要保障。机制建设首先要围绕教师核心利益进行系列制度建设和保障措施出台。《专业技术职务申报条件的有关规定》《专业技术职务评聘方案》《师德师风建设的实施意见》《师德考核评分细则》是对师资队伍建设提出的基本规范性要求；结合师资培养出台的《“教授培养工程”实施办法》《“博士培养工程”实施办法》《教师集中培训方案》《专任教师下企业实践锻炼管理办法》是师资团队自我提升的保障。为了打造优秀“结构化”双师团队还需要各管理层面出台完善《关于进一步加强“双师型”教师队伍建设的实施意见》《外聘教师管理办法》《“双师”教师认定标准》《优秀双师教学团队遴选办法》等文件和制度。以上制度的建立和修订将进一步激励教师团队自我提升，为强化人才培养机制提供政策依据和保障。

（二）培育“专兼结合结构化”双师教学团队

明确校外兼职“双师型”教师认定条件。要对外聘兼职教师职业道德、学历、职称、爱岗敬业精神，掌握所授专业的基础理论、专业知识，了解相关专业的理论与技术前沿等方面提出明确要求，激励校外兼职“双师型”教师严守职责，通过激励机制鼓励兼职教师任教期间提升教学业绩，指导学生多出教学成果。

制定“专兼互动、合作共赢”的团队目标。制订校企、专兼师资互培计划，通过结对形式进行实践，专任教师指导企业、兼职教师提升教学能力，企业教师、兼职教师指导专业教师提升动手能力和专业技能。通过合作企业与学校双向激励的形式，使校内外师资均能实现物质与精神层面的双向共赢。

（三）“结构化”双师团队的分工协作模式

任务驱动，分工合作实施教学。团队要以教学任务为带动，在教研基础上对教学内容、方法、方式、手段等方面结合企业对用人需求进行分析，共同备课研讨。要根据工作任务流程和项目组织逻辑，重构教学内容，根据团队的教学和技能达到优势协作，在校企两个场景下有计划地开展教学。

科研带动，共同服务产业发展。校企共同开发教学资源并将企业优秀案例纳入共同编撰的校企合作工作手册式教材，供校内授课和企业员工培训使用，在提升学校教学效能的同时，提升企业员工的技术水平。团队在双带头人（校内名师教学专家型带头人、行业技术技能型带头人）引领下探索将新技术与教学融合，进行教研项目研究与教学改革，探索解决技术难题，进行企业新产品与新技术研发。

四、“双师型”师资团队专业素养标准建设

“双师型”教师的专业素养标准随着教师职业生涯的发展有所不同。基于教师职业生涯发展的四个阶段，即新教师（讲师以下职称）、建业阶段（讲师）、成长阶段（副教授）和成熟阶段（教授），下面探讨不同发展阶段的教师应具备的“双师型”教师专业素养标准。

有学者认为，教师全部职业生涯是一个大周期，一般呈现着“上升、高平态、缓降态”的发展趋势。从个人发展的角度看，通常30岁左右是第一个发展高峰，这与个人的生理和智力巅峰紧密相关。到了40岁左右，往往迎来第二个发展高峰，此时个人的知识、能力和理论与经验的结合达到最佳状态。而据研究，如桑代克和多兰等学者对众多名人的分析显示，他们在“发展杰作”时的平均年龄约为50岁，这标志着第三个发展高峰的到来。

（一）新教师（讲师以下职称）

新教师主要指刚步入职场的新进教师，他们处于职业生涯的起始阶段。主要发展任务是构建与专业需求相匹配的知识体系，同时深化对职业和岗位的认知。在双师职业化方面，他们更侧重于更新和扩展专业知识，了解行业标准与职业发展，并通过实践培养理解力、熟悉度和基础操作技能。

（二）建业阶段（讲师）

建业阶段的教师通常已在校园工作三年左右，拥有中级专业技术职务资格。此阶段的核心任务是完成从学生到教师的身份转变，强化教学基本功，提高教学效果。同时，通过实践和经验的积累，在专业领域内拓宽视野和深度。表现突出的教师有望崭露头角，成为教育教学领域的新星。在双师专业素养方面，他们已对专业领域的发展趋势有深入了解，能参与行业标准的制定，了解企业用人机制和岗位职责，拥有一定的企业实践经历，能够独立解决企业实践问题。

（三）成长阶段（副教授）

成长阶段的教师通常在学校任职约10年，拥有副高级专业技术资格。他们的主要目标是深化专业理论与实践的融合，突破学术发展瓶颈，形成独特的教学风格，发挥优势并反思不足，寻求持续进步。在双师职业化方面，他们熟悉国内

外行业发展动态，了解专业人才需求及成长规律，能够引领技术创新和产品研发。同时，他们具备丰富的业务实践经验，能够主导产教专业一体化的设计与实施。

（四）成熟阶段（教授）

这一时期的教师一般都是在学校任职10年以上的教师。他们一般具有专业技术职称，专业能力和技能处于稳定发展阶段。教师这一阶段的主要任务是多做研究和总结，升华自身经验，发展理性思维能力；运用自己娴熟的教学技巧和成功经验，更好地做好本职工作。在双师职业化方面，能够总结、凝练所掌握的专业实践技能和知识，全面指导企业实践活动，在行业内有一定的影响力，具备牵头制定行业发展规划的能力，具备创新设计企业管理模式的能力，能够系统地解决企业的实际问题，充分具备企业的社会活动和沟通能力，能够整合、凝聚、打造专业化的产教融合品牌。

第二节　职业本科高水平实训基地建设

职业本科高水平实训基地建设是高职教育中至关重要的环节。实训，即职业技能的实际训练，是学校在人才培养规律和目标指导下，对学生进行职业技术应用能力培养的关键过程。它超越了传统本科教学中的实验和实习范畴，特别注重职业能力的锻造。实训基地作为实施实训教学的核心场所，为学生提供了接触技术、人员和设备保障的软硬件环境，成为职业技能培训、鉴定以及高新技术推广应用的重要基地。在高等职业教育人才培养过程中，实训基地的建设不可或缺，对于提升学生的专业素质和实践能力具有关键作用。

一、实训基地建设内涵

（一）实训基地建设政策背景

2010年以来，政府各部门相继出台了一系列鼓励政策，推进培训基地建设。《国家中长期教育改革和发展规划纲要（2010—2020年）》提出，大力发展职业教育，加强“双师型”教师和实训基地建设，增强职业教育基础能力。2017年出台的《教育现代化推进工程实施方案》也明确指出，要“以实践实验实训设施建设为重点，支持职业院校和本科院校深化产教融合”，并推进专业实训基地和生产性实训基地在内的公共实训中心建设。《公共实训基地建设中央预算内投资专项管理办法》提出，构建适应产业发展需要的公共职业技能培训体系，包括促进区域经济发展、服务中高端产业发展需要的地市级综合性公共实训基地和服务于当地主导产业的县级地方产业特色公共培训基地。由此可见，我国职业院校实训基地建设正经历着从基础设施建设向多元化主体构建，凸显共建共享共赢的建设格局。

（二）实训基地建设历程

1. 校内基础性实训基地建设

1999年高校开始实施扩招政策，为高职院校发展提供了机遇，同时给高职院校实训基地建设带来巨大挑战。该阶段校内实训基地以专业实训平台建设为主，建设理念为模拟企业生产性操作环境，对学生进行专业技能培训。实训基地注重硬件设备配套等基础性和框架化建设，以实施实训教学为主要功能，基地功能较为单一。

2. 校内生产性实训基地建设

2007年发布的《国家示范性高职院校建设推荐预审标准（试行）》指出，校内生产性培养是指“学校提供场地和管理，企业提供设备、技术和师资支持，校企合作开展实训教学的设计与系统组织实践教学模式”。在实训基地建设阶段，主导者认识到校企合作共建的关键性。他们致力于实现教学与生产的深度融合，开发基地的对外开放服务与专业功能，以提升学生的创新能力为目标，实现校企共赢，并充分发挥职业院校的社会服务功能。

3. 各方协同的创新实训基地建设

教育部推动的“高等学校创新能力提升计划”激发了高职院校对“协同创新”的探索热情。其中，实训基地建设作为协同创新的成果之一，不仅促进了区域经济的发展，也为培养产业转型和技术创新所需的复合型人才提供了坚实支撑。通过校、企、行、政、研等多方协同合作，创新育人机制得到了有力推进。

4. "互联网 +"背景下的公共实训基地建设

在"互联网 +"时代背景下，随着产业 4.0 的兴起，信息通信技术、大数据和云计算等新技术不断发展，新业态随之涌现，高职院校的公共实训基地建设正面临产业变革带来的新挑战。为满足社会对知识跨界、技术创新高层次人才的需求，基地建设需促进互联网与各行业的融合创新，构建信息化、资源共享的公共培训体系。

5. 职业本科背景下的虚拟仿真实训基地建设

职业本科背景下，虚拟仿真实训基地建设显得尤为关键。为服务经济和产业发展，专业设置应聚焦于"两个高端"——高端产业和产业高端。高端产业涉及新兴产业或具有高技术含量、高价值链地位的核心产业；产业高端则指通过技术创新在传统产业中取得领先地位的领域。虚拟仿真实训基地成为培养这些高端专业人才的重要平台，旨在使学生具备深厚的理论基础、完整的知识体系、复杂的职业能力和扎实的技术技能，以满足产业转型升级和服务业高端岗位对高层次技术技能人才的需求。

职业教育虚拟仿真实训基地是职业教育与虚拟仿真技术深度融合的产物。借助"AR/VR"、智能大数据、物联网等前沿信息技术，构建高度模拟的训练环境和实验条件。学生在虚拟仿真环境下进行实训和实验，并能多角度、多次重复进行操作，解决了传统实训和实验教学中"高投入、高耗材、高危险性、难实施、难观察、难再现"的问题，并为学员提供全方位、立体化的训练环境，使学员能够通过一次次虚拟仿真训练，牢牢把握专业知识。

（三）职教本科实训基地建设目标

职教本科实训基地的建设目标是在原高职实训基地基础上，深化内涵建设，实现"五个一体化"：实训内容与行业前沿对接、教学体系与岗位需求契合、人才培养与社会服务融合、功能建设与管理机制协同，以及系统架构集成与资源共享的优化。这一目标旨在提升实训基地的综合性、实用性和前瞻性，以更好地满足职业本科教育的需求。

1. 实训内容与行业发展相融合

在信息技术迅速发展的背景下，职业院校实训基地教学正逐步采用"项目引领、任务驱动”的项目化教学模式，并结合情景教学法模拟真实工作场景。这些新方法强调理论与实践的紧密结合，使学生在实践中学习和掌握综合操作技能。面对“互联网 +”时代的挑战，实训基地必须与时俱进，依托互联网平台，紧密对接产业升级需求，不断更新实训项目和内容，以及软硬件设施环境，从而培养出能够适应产业结构发展变化的高层次复合型人才。

2. 教学体系与岗位需求相融合

高职院校实训基地建设需适应产业变迁和社会对高技术人才的需求。为此，应构建以职业素质和创新创业能力为核心，涵盖基础技能、核心技能、综合技能和拓展技能的“四级递进式”实践教学体系。该体系各层级紧密对接岗位要求、任务和职业资格标准。在实践教学体系运行中，实训基地需依据企业真实业务流程、岗位要求和行业标准，开发针对性强、科学合理的项目化实践课程，并配套实训课程标准和考核评价体系，确保学生能力与岗位技能要求高度契合。

3. 人才培养与社会服务相融合

高职院校在人才培养上积极探索，以订单式培养为桥梁，深化工学结合，不断创新人才培养模式，确保培养出的专业技能人才与岗位需求高度契合。在信息化浪潮下，互联网 +、大数据、云计算等技术的飞速发展正推动传统产业与信息技术的深度融合，经济形态和产业结构正经历着前所未有的变革。为了应对这一挑战，实训基地建设正逐步向“互联网 + 专业”人才培养模式转型，注重培养具备跨界思维和技术融合创新能力的复合型人才，以满足行业发展对人才的新需求。

作为职业院校的核心教学场所和服务社会的重要窗口，实训基地的建设已经从传统的校企合作模式，逐步拓展到地域、行业、企业等多方共建共享的新模式。基地积极向所在地域、中高职学校、企业和社会团体提供多样化的培训服务，将优质的教育资源与行业企业的实际需求紧密结合，不断提升人才培养的针对性和实效性，主动适应区域经济社会的发展需要，全面提高基地的社会培训服务质量和水平。

4. 功能建设与管理机制相融合

实训基地的功能建设与管理机制需相辅相成。它不仅要承载生产性实训的核心任务，还需面向社会，提供技能培训、技能鉴定（竞赛）服务，并致力于新技术、新工艺、新产品的研发，构建教学、培训、研发、竞赛“四位一体”的综合平台。为实现这一全方位功能，政府、企业、学校三方需共同参与建设和管理。成功模式显示，政府需整合资源、投入资金，促进校企合作与有序发展；学校负责日常管理与人才培养，确保规格与市场需求契合；企业负责设备维护与技术支持，保障服务顺畅；科研机构则专注于技术研发与成果推广，满足行业发展需求。各方明确职责，共同推动实训基地功能的充分发挥。

5. 系统架构与资源共享相融合

在“互联网+”时代背景下，高职院校实训基地通过政府、学校、行业企业和社会培训机构的协同创新，构建了一个集基地管理和专业群顶层设计于一体的集成系统架构。该系统架构旨在实现资源共享、技能培训与鉴定等功能，推动多元化主体共建、共享、共赢机制的建立。这一机制的关键在于确保政府资金投入、企业积极参与、技术和装备的有效支持。通过资源共享和优势互补，将系统架构的整体框架与共享共赢机制紧密结合，共同促进高职院校综合实力的提升，以满足实训基地在社会服务中的需求。

6. 基地发展规划与高端科研相融合

职业教育本科基地的建设规划要立足长远。校企联盟由行业、企业、高校组成，成立科研创新联盟，校企共建创新研发中心、科技创新实验室、技术推广中心。依托实训基地和科研团队的先进设备设施，校企联合开展项目申报、技术攻关、产品创新、成果转化，切实提高服务和技术创新能力，促进教育链与创新链的有效衔接。

二、职业本科实训基地建设路径

（一）明确定位彰显特色，走校企共建之路

高职本科实训基地建设应明确其定位与特色，走校企共建之路。首先，基地应服务于地区现代化经济体系和高质量就业需求，紧密结合支柱产业、新兴产业及特色产业发展，特别是针对技术技能人才短缺领域，合理规划布局。其次，基地应彰显其独特性，结合区域经济发展水平与产业结构特点，发挥高校资源优势，促进地方经济社会发展。在布局上应合理错位，规模适度，装备先进，并具备不

可替代的服务领域。

实训基地功能应多元化，融合实践教学、社会培训、企业真实生产和社会技术服务，实现产教融合。可借鉴国际先进经验，如德国、瑞士、日本等，探索学校与工厂一体化合作模式，吸引国内外优质企业共建实训基地，引进先进技术，拓宽培训设备和资源渠道，以培养社会所需的高新技术和技能型人才。

（二）构建实训“三化”教学模式改革，引领基地建设创新

1. 应对实训教材“活页化”，建设灵便组合的项目式实训室

为应对实训教学的灵活需求，我们应推动实训教材的“活页化”改革，构建可灵活组合的项目式实训室。通过系统设计，我们规划了从基础到应用，再到拓展的四个层次的项目活页架构。这一架构能够按照教学进度和学生需求进行拆分和组合，将专业培养目标细化到岗位工作的各个阶段。同时，我们还将跨界整合不同层次的项目模块和专业组技能，构建出四个层次的项目化、模块化实训室，以满足在校学生和培训学员的多样化需求。

2. 对接实训教师“双师化”，实训基地厂校双边建设

为提升实训教学质量，我们实施“双师化”策略，加强实训基地的厂校双边建设。根据教学和企业需求，我们依据专业培训教师资格标准和技术职务评聘办法，引进企业技术骨干和专业技术人员到校担任实训教师。同时，学校也派遣专业教师到企业参与实习和科研合作，以提升其教学和实践能力。我们首先在高职本科核心课程中推行“一课双师”制度，即由校内教师和企业教师共同授课，未来计划逐步扩展至企业和社会培训课程，以促进实训教学的全面优化。

3. 体现实训教学“真实化”，合理设置基地布局

在实训教学中，我们强调“真实化”的体验，通过合理的基地布局和教学模式，实现与企业生产环境的紧密对接。在教师校企互训、互聘互用的基础上，我们采用与企业真实生产流程相匹配的任务驱动教学法，对学生和学员进行分组教学，利用真实案例模拟教学等手段，将工匠精神和创新创业意识融入教学全过程。学生的培训环境、使用的设备和项目内容设置都尽量模拟企业真实生产经营现场，以确保学生能够在实际操作中获得最接近真实工作环境的体验。

同时，我们搭建多种企业真实生产运营场景的模拟教室，如圆桌模式、虚拟

仿真开发模式、工作室模式等，以校企产业学院为基础，按照企业管理模式开展教学。教学过程管理与考核标准紧密结合企业规章制度和岗位标准，同时融入企业文化、工匠精神和职业道德教育，为学生高质量就业打下坚实基础。这样的实训教学不仅能够提高学生的技能水平，还能够培养其职业素养和团队协作精神，为他们未来走向社会做好充分准备。

（三）本科层次职业教育实训基地建设改革案例

1. 创新政行企校合作体制机制模式

湖南软件职业技术大学在本科层次职业教育试点中，创新了政行企校的合作体制机制，通过校、地、企的深度合作，有效促进了产教融合和转型发展。在政府引导、学校主导、企业主体的框架下，学校采用“框架协议—执行合同—项目管理制度”的三级合作模式，成功与30家企业，如腾讯科技、科大讯飞等建立了互利共赢的合作关系。这种合作模式由传统的“机构型”转变为更为精细化的“契约型”，通过契约形式确保了各方利益，实现了资源的最大化整合，共同建设了湘潭V视频及网络直播产教融合基地、数字经济孵化基地等创新平台。

2. 推动校企产业学院共建基地共享资源

湖南软件职业技术大学积极推动产教融合与校企合作，通过整合共享校企资源，致力于提升高职本科技术技能人才的培养质量。该校以“大培训”教学模式改革为基础，深化与企业的合作，构建多个产业学院，确保每个高职本科专业都能与相应的产业学院相匹配。例如，与达内时代科技集团共建“达内大数据产业学院”，与科大讯飞股份有限公司成立“讯飞人工智能产业学院”，以及与现代设计学院共建“小英数字创意产业学院”等。这些校企共建的产业学院不仅加深了校企合作的层次，也进一步推动了校企一体化办学模式的深化，有效提升了技术技能人才的培养质量。

3. 通过实训平台打造，提升双创育人能效

南京工业职业技术大学以双创教育基地建设为基础，推动打造了8个实训平台，充分体现了双创与专业相结合的特点。

（1）智能制造产教融合创新平台

智能制造产教融合创新平台主要面向机械工程类专业学生，依托国家“产教

融合”项目以及省级协同制造产教融合项目，与相关企业共建智能制造创新训练中心，重点培育学生在机械产品设计、精密加工等领域的创新能力。

（2）智能控制工程研创平台

针对电气工程专业学生，搭建融合智能电气控制、能源互联网、智能建筑、物联网等多个技术领域的创新培养平台，与西门子、三菱、罗克韦尔、施耐德、通用电气、ABB 等合作，与国内外著名企业合作，为学生、教师和社会提供全面的创新创业场所、设备和技术支持。对接企业相关工作岗位，提升学生的科技创新能力。

（3）企业信息化创新服务平台

针对电子信息专业，与华为、苹果、联想、中兴等世界知名企业合作，共同搭建企业信息技术创新服务平台，将创新创业教育融入专业教学全过程，加强专业技术创新能力培养，服务中小企业信息化建设需求。

（4）电子商务创新创业服务平台

针对经济管理与商务专业的学生，建立电子商务创新培训中心，与南京市栖霞区、镇江市世业镇、徐州市沙集镇、南京市龙潭跨境电商产业园、上海市互联网商会等开展合作。政府、银行、企业合作共建电子商务创业培训基地，通过承接企业项目，打造真正的创业项目，促进师生实践能力和双创能力的提升。

（5）绿色智慧交通虚拟仿真平台

面向航空工程和交通工程领域，将创新创业教育融入汽车技术专业群、城市轨道交通机电技术专业和航空工程专业的建设与发展，重点开发智能综合交通信息共享系统，围绕新能源环保交通发展，打造交通运输虚拟仿真平台。

（6）“艺术工场”文化创意产业平台

围绕文化产业创新、国家文化软实力提升和中华文化走出去战略，结合教学、实践和科研，积极探索创新，为社会和产业培养与输送文化创意产业精英，培育和孵化文化创意成果，继承和发扬文化创意精神。

（7）“创客梦工场”师生双创实践平台

学校依托大学生创业园、省大学科技园、校内外创新创业实践基地，搭建起学校、政府、社会、行业、企业合作的“创客梦工场”实践平台，为教师与学生提供全方位、一站式的服务和保障。

（8）政校企行协同技术研发转化平台

构建“一个体系、五个平台”，全力推进技术转移转化。以地方经济发展需求为导向，以全国机电职业教育联盟、江苏省轻工业协会、大学科技园、工程技术研发中心、校内外行业创新平台为载体，依托重点建设专业和协同创新中心，瞄准科技前沿，以新技术、新产品、新工艺的创新转化为重点，整合各方资源，打通各类创新创业资源和基础设施。

三、职业本科实训基地功能解析

（一）基于岗位技能标准建设

在构建基于岗位技能标准的实训室体系时，我们着重于本科生“大培训”教学需求，将实训室分为通用与核心专业课程两类。通用实训室注重小组、项目、场景教学的灵活性，以促进多元化教学方法的实施。而核心专业实训室则深度融合企业实际生产场景，形成集教学、技能鉴定、生产经营和社会服务于一体的综合平台，强化学生职业技能的全面提升。我们秉持校企合作的理念，紧密对接行业最新技术标准和技能需求，确保实训基地的建设精准服务于人才培养和行业发展的双重目标。通过这种方式，我们努力提高职业教育的适应性，确保培养出的人才能够满足经济社会发展和产业转型升级的迫切需求。

（二）立足专业群课程体系建设

在构建专业群课程体系时，我们紧密围绕专业本科的岗位技能标准，精准设置课程内容和设计实践教学环节。各专业深入研究并明确对应的专业岗位或工作组，以岗位为核心进行工作分析，形成与工作紧密相关的课程体系。我们坚持“毕业后即能工作，工作后熟练操作”的原则，依据岗位技能要求，循序渐进地设计从基本技能到核心技能再到综合技能的实践教学过程。此外，我们还根据岗位实习的不同阶段需求，编制详尽的岗位实习指导手册和统一的教学评价标准，确保实践教学的系统性和有效性。通过这一系列的举措，我们致力于构建与岗位技能标准高度契合的专业群课程体系，提升学生的职业素养和综合能力。

（三）针对行业需求发挥基地科研效能

产学研一体化的专业实训室，集教学、科研、生产、管理等功能于一体。首先，满足专业教学计划设定的专业实训项目的教学要求，是实训室最基本的功能。因此，必须在实现教学功能的前提下，根据课表规划和科研进度安排合理配置时间、空间、设施等实验室要素。其次，专业培训 / 实验室在技术装备和设置上应具备一些专业科技项目的研发功能，特别是一些科技含量较高的产品和技术服务项目的研发。对于有条件的实验室，还应具备科研成果转化的孵化器功能。最后，专业实验室必须具有研究和开发产品的业务功能。其产品可以是实验室开发并已商品化的科技成果，以及其他技术含量较高的产品和技术服务。生产经营规模取决于实践培训 / 实验室条件和经济效益。

（四）对接证书和竞赛标准开发实训基地功能

“1+X”认证体系紧密围绕工作岗位的专业能力需求，以掌握关键职业技能为核心，以培养高科技人才为目标，推动高职院校职业教育与培训的深度融合。通过加强证书课程的整合，将高职院校的教学活动与企业的实际需求紧密结合，使学生能够在实践中学习和掌握企业认证内容，提升分析问题和解决问题的能力。

实践证明，校外实训基地是实现这一整合教学的重要场所。我们需按照行业企业认可的标准，结合高职院校的教学实践，共同建设实训基地。这些基地不仅承担教学、员工培训、考证培训的任务，还负责技能鉴定，确保学生在获得学历证书的同时，也能取得相关的职业资格证书，实现学历教育与职业培训的有机结合。

在高职高专教育中，职业技能竞赛发挥着“指挥棒”和“试金石”的双重作用，是检验教育教学质量、推动教学改革的重要平台。从“产业—比赛—教育”三大系统的共性框架出发，我们认识到需求整合、标准整合、过程整合和评估整合是高职教育“产—赛—教”机制的核心。因此，我们应以高水平技能为引领，推动教育教学改革，强化比赛与课程的融合，真正实现“以赛促教”“以赛促学”和“以赛促改”。这样，比赛设备将转化为教学设备，比赛任务将成为教学项目，比赛标准将指导教学规范，比赛评价将促进教学评价体系的完善。

四、职业本科实训基地管理对策

职业本科实训教学基地管理，要对接《本科层次职业学校设置标准（试行）》和《本科层次职业教育专业设置管理办法（试行）》，根据职业本科培养模式要求，坚持办学特色，坚持高标准、高起点、高质量，对接高端产业，进行管理标准开发。以“职业教育本科培养”新教学模式改革为契机，进一步开展职业教育本科层次定位，提高基地建设能效。

（一）政府统筹，顶层设计

在《国家职业教育改革实施方案》的指引下，职业教育的管理正在从单一的政府统筹管理向政府引领、社会多元参与的模式转变。在实训基地建设上，这一转变体现为政府、职业院校和产业企业等多元主体的共同参与。各主体需充分发挥自身优势，在政府的统筹指导下，共同制定实训基地建设的架构与规划，明确建设重点。政府在此过程中的角色至关重要，需确保实训基地建设与当地产业布局紧密协同，结合支柱产业、新兴产业和特色产业的发展需求，以及技术技能人才的培养需要，进行科学合理的规划。在实训室规模、数量及实训设备的选择上，应遵循适度先进、实用为主、经济适用的原则，确保实训基地的高效运行和持续发展。在此顶层设计下，高职本科教育机构与地方政府可发挥资源整合的优势，汇聚分散的企业和学校资源，共同打造一批面向产业、高科技、相对独立且管理规范的现代化实训基地，为职业教育提供强有力的支撑。

（二）集聚资源，分工合作

培训基地作为社会子系统，应基于资源整合机制，利用其特有的环境和组织优势，从外部环境中汲取所需资源，并在系统内部进行合理配置，以确保基地自身的持续发展和高效运作。这种集聚资源、分工合作的方式将促进培训基地功能的最大化发挥，满足其生存和发展的需要。因此，培训基地的良性发展需要构建资源获取体系，包括获取外部政策资源和实现内部共享资源。在运行方式上，国家发改委专门印发了《关于印发加强实训基地建设组合投融资支持的实施方案的通知》（发改社会〔2018〕1464 号），要求重点抓好产教融合培训基地和公共实训基地建设，重点运用“补贷债”组合模式，坚持政策统筹、资源共建、开放共享；

综合运用中央预算内投资、地方财政投入、开发性金融、债券融资和吸引社会资本等手段，拓宽投融资渠道。同时，基于分工与合作机制、集群组织需要，构建基于特定职能专业化的合作关系。

（三）科学管理，资源共享

要实现高水平培训基地的良性有序运行，一方面，要实行科学管理。要强化对实训基地运行的常态化监测与绩效考核，形成项目实施、资金管理和绩效目标实现程度评判的绩效评价体系，提高建设资金的使用效益。建立常态化目标考核机制，要以项目为抓手，以资金为牵引，以目标为导向，探索职业本科实训基地建设的常态化推进机制，提升实训基地建设投入水平与项目绩效。

另一方面，要实现资源共享。基于设施、资源和技术共享理论，参与的共建方应积极发挥资源和设施的效能，扩大共享，造福产业和兄弟机构。针对实训基地的多元主体，要构建特定的目标链，发挥各自优势，理顺分工，构建政府、学校、企业利益共同体，形成稳定互利的合作机制，并促进不同利益相关者之间的紧密联系。

第三节　职业本科教学资源开发与应用

一、教学资源建设原则与规范

教学资源建设作为教育信息化的基石，是一项长期且需持续维护的复杂工程。鉴于教育资源的多样性和复杂性，其管理和应用面临诸多挑战。为确保资源库的有效建设、促进数据共享、提升检索效率与准确性，并保障资源质量，职业本科教育教学资源建设必须在明确的规范指导下进行，这是至关重要的。

（一）教学资源类型

标准规范类：职业标准、技术标准、课程标准、岗位规范、教学文件等。

教学资料类：生产过程资料、实训操作资料、企业案例、企业网站链等。

设备场景类：教学场地、工作过程、操作流程、设备结构等。

虚仿项目类：虚拟场景、虚拟设备以及虚拟实验实训实习软件等。

数字资源类：数字化教材、教学课件、题库、视频资料等。

教学平台类：与专业、课程、知识点相关的导学、教学、助学系统。

（二）数字资源分类方法

分类包含资源库、课程、适用对象、资源类型、技术格式、语种六个分类元素。这六个分类元素是对资源进行组织的基本依据。

数字资源构建者要以资源库作为总分类依据，确定各学科应涵盖的具体内容，然后根据适用对象和资源类型进行详细划分。确定资源库资源分类方法，须遵循以下原则：

1. 采用多维的分类方法

教育资源的属性丰富多样，涵盖教育内容、适用对象和技术格式等多个维度。为满足用户从多个角度查询和检索资源的需求，我们在构建资源分类体系时，必须采用多维度的分类方法，以确保全面覆盖资源的各种特性。

2. 单一分类方案中各类之间不相容

在分类体系中，每种分类方案应确保资源的唯一归类。即，在特定的分类元素层面，资源库中的每个资源只能归属于一个类别。若资源条目在某一分类方案下被归入多个类别，则该分类方案违背了唯一性原则。

3. 单一分类方法穷尽资源整体

在构建分类体系时，每一种分类方案都需确保从该分类元素的角度出发，全面覆盖资源库中的每一个资源条目。若某一资源在特定分类方案中无法找到其确切的归属，那么这种分类方法便未能满足穷尽资源的原则。

4. 分类不越级

有些分类方案有一个以上的级别（如学科分类）。针对这样的多级分类方案，资源的最终归属类必须是同一级别。如果两个不同资源在同一个多级分类方案中最终归属类属于不同级别，则该分类方法不满足本原则。

5. 同一分类元素下分类方案唯一

分类体系中针对资源的某一个特定属性层面应只设置唯一的分类方案。

（三）资源形式与格式

教学资源的基本形式与格式如表 4–3 所示。

表 4–3　教学资源的基本形式与格式

技术形式	文件格式
文本	text/txt/html/sgml/xml/rtf等
图片	image/gif/jpeg/tiff/png/psd/wmf/mov/quicktime 等
视频	video/quicktime/AVI/MPEG/RAM/Asf等
音频	audio/RAM/WAV/MP3/MIDI等
动画	GIFF/LASH/MPEG/PIC/MOV/GSP/GSS
应用	application/exe/pdf/postscript/zip/rar/msword等
	application/msworks
	application/mathematica
	application/authorware
	application/几何画板

二、职业本科教学资源建设方略

（一）建立分层建设机制

资源包括素材、积件、模块、课程和资源库等不同层次。

素材——最基础的、颗粒化的资源，如动画、图片等。

积件——以知识点、技能点为单位，多个关联的素材结构化组合形成资源。

模块——以学习单元、工作任务等项目为单位，结构化组合形成资源。

课程——包含完整的教学内容和教学活动，包括教学设计、教学实施、教学过程记录、教学评价等环节，支持线上教学或线上线下混合教学。

资源库——教学资源库建设平台是以资源共建共享为目标，以创造优质资源和网络教学为核心，面向海量资源处理，集资源分布式存储、资源管理、资源评估、知识管理于一体的综合资源管理平台。

（二）动态化更新资源

1. 资源监测

不定期采集资源的运行日志及素材使用情况等数据，对资源的使用效果、资源更新、用户行为等进行分析并适时发布资源库建设与应用分析报告，为资源管理、推广、决策和规划提供依据。

2. 资源管理

教务处和运行平台联合建立资源审核编校机制，确保资源建设质量，并对库内资源的合法性、科学性、教育性、技术性、艺术性及知识产权负责。

3. 资源单元

合理划分课程资源的粒度。资源单位不应是“一门课程”，而应是“知识单位”。从形式上的解释，可以是“最小的工作室单元”。

4. 资源粒度

在资源管理中，资源的粒度应被精细划分至最小单位，每个单元由相关知识点构成，同时保持独立的教学价值。这样的设计使得在新课程构建或课程更新时，能够高效利用现有的知识单元，仅需专注于构建新增的内容，从而提升教学效率与灵活性。

5. 资源描述标准化

为确保来自不同来源的课程资源能够高效整合，快速检索和准确识别资源是首要任务。然而，若无对资源片段的标准化内容描述，仅凭外观难以判断其具体内容、适用年级及课程。因此，资源内容的标准化描述对于资源的有效整合和利用至关重要。

6. 支持标准的课程平台

为了高效检索、组装和呈现学习资源，即使资源粒度合理且描述标准化，手动操作依然难以达到理想效果。因此，一个支持标准的课程平台不可或缺。该平台应能够管理标准化的课程资源库，提供基于标准元数据的资源检索功能，并允许用户根据检索到的资源快速构建课件。此外，它还应支持教学设计，确保资源能够按照教学要求合理配置和呈现给学习者，同时在必要时提供学习内容的添加和替换功能。

（三）数字资源分类建设评价分析

在评估教学资源的信息化水平时，我们通常从材料信息化、课件信息化、教案信息化以及试题库信息化这四个维度进行深入剖析。

第一，谈及材料信息化，动画、录像、声音、图像和文字资料作为教学信息的基本载体，扮演着至关重要的角色。这些资料能够灵活地融入各类教学软件中，从而适配不同的教学方法和学习风格，确保信息的有效传递。

第二，课件信息化是教学过程中的关键一环。课件的制作必须紧扣教学目标，明确知识与技能的重难点，并准确反映教学内容和教学策略。课件的类型丰富多样，包括自制课件、网络课件、多媒体教学课件以及交互式教学课件等。其中，网络课件以网页浏览为基础，结合课程重难点进行设计；基于电脑的CAI课件则凭借其出色的演示效果脱颖而出；而基于流媒体技术的网络CAI课件则因其高度的互动性，支持点播和直播功能，丰富了教学手段。自制课件由于紧密结合教学实际，往往更具实用性和适用性，其开发过程也可由专业技术人员提供辅助。

第三，教案信息化是指导课堂教学顺利进行的重要保障。教案设计涵盖教学目标、学情分析、教学步骤、教学方法与评价、教学重难点以及教学反思与提升等多个方面。教案的信息化有助于增强教学的针对性和有效性，确保教学资源得到充分利用。

第四，试题库信息化是评估学生学习成果的重要手段。题库资源基于学科评估准则，通过网络平台或系统对各类试题进行整合。试题库的构建包括内容整理、试题设置以及修正与试错三个主要步骤。在内容整理阶段，课程组需全面梳理知识点和核心能力，结合教学目标和岗位要求，确定试题的难易度、题型和内容；在试题设置阶段，需结合最新动态和历年规范化试题，确保题目的新颖性和创新性；而在修正与试错阶段，则需根据课程内容和目标的变化，对不符合要求的试题进行及时删除和修正，以保持试题库的先进性和科学性。

三、教学资源应用与推广保障

资源建设的目的是广泛利用，提高资源在应用推广中的效益，并通过用户的互动反馈不断改进和提高资源质量。资源利用和推广的前提是制定项目实施管理办法，实行“分级管理、责任到人、专家把关”，确保资源项目的顺利实施。下面以“国家半导体照明技术专业教学资源库的建设与推广”为例，进行说明。

（一）建立资源建设与推广保障机制

1. 建立项目目标责任制度

为确保项目的高效推进与责任落实，我们实施了严格的目标管理责任制。通过组建项目工作小组，并明确各负责人的职责，我们制定了详细的工作进度和目标，确保每项任务分工明确，责任到人。项目的所有建设内容和要求均严格遵循已获批的建设方案和任务书，任何子项目负责人均无权擅自更改。此外，我们还特别制定了《教学资源建设项目管理责任书》，进一步细化了各项目和子项目建设的具体责任与目标，以确保项目的高标准、高质量完成。重视项目建设的过程管控，制定《教学资源建设项目绩效考核实施细则》《教学资源建设项目信息公开实施细则》从制度上规定项目信息必须按规定公开，做到信息透明，学校教师、学生和社会可以监督项目进展和实施情况。

2. 建立项目绩效考核标准

以考核标准验证项目绩效，根据建设进度要求，到期时验收项目。根据项目既定目标，考核验收结果，按计划保质保量完成的负责人要施行表彰奖励。通过资源库建设管理平台，向指导和参与建设和使用的师生、社会各界公开进度和效果并公布经费使用状况，接受纪检监察部门的监督和审核。

3. 建立项目经费保障制度

成立项目经费保障管理小组，用以规范建设资金使用和管理，加强对各项资金使用的监管，确保严肃、合理和有效使用项目专项资金，实现建设资金使用效益的最大化。按照《中华人民共和国政府采购法》和学校招标投标相关规定，进行政府采购。对投入建设项目的大额资金要在有关部门的监管下严格执行预算，经常性对专业资源库建设项目预算执行情况进行跟踪和分析，督促各项目组采取积极有效措施，按计划执行预算进度，保障资金使用安全、规范、高效。

（二）制定教学资源推广应用措施

对于专业课程资源和教学资源库建设从来都不是最终目标。应用推广的效果，是教育行政部门的初衷，也是广大师生的殷切希望。如由中山火炬职业技术学院、宁波职业技术学院牵头的半导体照明技术与应用专业教学资源库课程，主要有两类群体使用：一类是各院校相关专业的师生；另一类是自学者，主要是社交学习者或企业用户。在课程的推广应用过程中，他们的做法如下。

1. 树立典型学习案例

以国家半导体照明技术专业教学资源库课程“LED 封装模拟制造综合实训”为例，课程设计最主要的学习者是高职院校相关专业学生，他们可能有些缺少 LED 封装实训和实践条件。如固态晶体章节的典型学习流程是：第一步观看动画，了解单元的基础概念、知识和学习过程，也可以先进行基本认知学习；第二步学习视频资源，了解各个现场场景及操作流程；第三步在线阅读作业指导书，了解各个流程的操作细节，还可以用图片资源增强直观性；第四步，可以在课程题库中提取组合的测试来检验在线学习情况。中山火炬职业技术学院、宁波职业技术学院两个单位都有良好的校企合作条件，除了在线进行网络学习外，学生还可以到合作企业的 LED 生产现场观摩与实际操练，在企业学习期间还可以手机登录平台查看资源。社会学习者或企业用户的学习方法可以是以上两者的结合。

2. 制定使用率考核指标

为了有效评估资源库课程的使用情况，我们设定了明确的使用率考核指标。这些指标覆盖了项目主持学校、项目成员学校以及相同、相似或相关专业的师生，同时也包括有培训需求的企业和行业单位。具体而言，项目主持学校的适用专业要求全面使用，项目成员学校相关专业使用率需达到至少 50%，其他推广院校则需确保每年有 10% 以上的使用增长。针对资源库对应的课程教学，我们鼓励学生通过平台完成课前预习，并在课堂上积极利用课程资源中的课件、动画等进行学习和讨论。针对实践课程，充分应用资源库中实训操作资源的学习，辅助线下实际操练。可以让学生先观摩操作，然后进行简单步骤的认知操作，对于实际操练中的问题可反复回看视频，在不断深化感官认识的基础上，配合教师的指导，完成实训学习，并在平台提交作业。以上各个流程均制定为资源使用标准，要求资源库实施教学教师参照执行，并通过过程学习评价指标对学生提出要求，促进资源的学习效度。

3. 出台课时、学时认定制度

教师引导学生在不同阶段对接资源库平台的资源，进行视频学习、作业提交、阶段测验、课堂练习等，有效实施线下教学与网络学习相结合的混合式教学模式，对实施混合式教学的教师给予相应系数课时浮动或奖励。学生可自主选择平台的微知识库及各门课程的在线学习资源。当学习进度达到90%以上并完成章节测试达标后，可获得相应课程学分。该学分可以作为线下学习课程的替换，用以满足因个人身体原因、疫情防控、结业继续学习但不能返校线下授课学生的学分修习。在课程学习过程中，课程负责人利用平台数据的实时监测与汇总功能，全面掌握学生的学习进度。为确保学生课外线上学习的顺畅进行，课程团队将安排专人定期检查网络课程的实施情况，并提供必要的辅导支持。同时，我们将密切跟踪选课学生的信息，包括登录频率、学习进度和平台使用记录等，以确保学生按照要求完成学习任务。对于满足条件的学生，将及时授予相应学分。

四、职业本科立体化教材建设

在高职教育领域，立体化教材的建设已逐渐成为趋势。自2002年全国高校教学相关机构提出立体化教材概念以来，其定义已得到广泛认可。立体化教材在传统纸质教材的基础上，结合现代信息技术，融合了多媒体、多形式、多层次的教学资源。内容涵盖纸质图书、数字资源以及资源平台等多个方面。在信息化时代背景下，高职教育的立体化教材开发应秉承项目课程理念，即根据专业标准和岗位要求设计课程内容，通过项目化和任务驱动的方式，培养学生所需的知识和技能，从而着重提升学生的岗位能力。

（一）教材建设的融媒体特性

高职教材在融媒体时代展现出独特的三维化特性。第一，其显著的实践性是其核心特点。三维化教学材料不仅作为教师的教学工具，更是专业技能与高职教学深度融合的桥梁。相较于传统教学方式，高职教育更加注重实践操作，因此在三维教材中，实践教学内容占据重要地位。借助人工智能、大数据、虚拟仿真等先进技术，学生能够在实际操作中更全面、直观地掌握所需的知识与技能。第二，三维教材具备强大的交互性。这种交互性源于其丰富的媒介资源，使得学习过程更加注重学生与企业实际工作环境的紧密联系。在实际工作流程中，技术日新月异，因此工作手册式、活页式的教材和教学资料需要紧随新技术、新标准、新材料的步伐，实现同步更新。第三，高职教材具有明确的目标导向性。其服务对象广泛，不仅针对在校学生，还涵盖新农民、退伍军人等社会群体。为满足不同人群的培训需求，高职教材需进行分层分类的研发，确保内容的针对性和实用性。第四，高职教材在衔接性方面表现出色。通过与中职教育的紧密合作，共同开发中高职衔接的专业教材，实现中职、专科、本科等不同学段教学内容的科学规划和有机衔接。同时，多样化的呈现形式有助于满足不同学习者的需求，为科技、技能人才的梯队建设提供有力支持。

（二）产教融合共同开发立体化教材

产教融合式教材开发是校企合作出成果的有效表征。作为双元深度产教融合的成果，校企双方共同开发立体化教材更符合职业教育育人特征。2019 年，国务院印发的《国家职业教育改革实施方案》提出："建设一大批校企'双元'合作开发的国家规划教材。"同年，教育部印发《建设产教融合型企业实施办法（试行）》明确提出，"充分发挥企业在技术技能人才培养和人力资源开发中的重要主体作用"。以上的文件制度进一步明确了产教融合型企业要深度参与职业教育育人的全过程，参与立体化教材的建设。校企"双元"应是高等职业教育立体化教材的开发主体，这样才能整合企业和学校双方优势，将行业企业的新规范、新标准、新技术、新材料融入教材。

（三）基于专业与课程教学标准开发教材

在高等职业教育立体教材的发展过程中，我们首先要聚焦于产业转型升级对人才和职业变化的需求，持续更新和优化专业与课程的教学标准。在教材的开发环节，必须紧密对接专业培养方案、专业教学标准和课程教学标准。鉴于 2012 年我国已颁布 410 个高职高专专业教学标准，但随着产业结构的持续演变，这些标准亟待更新。对于尚未有国家专业教学标准指导的专业，我们应参照相近的教学标准作为教材编写和实施的基准，并加快制定专业核心课程的标准。同时，鉴于职业本科教育的高层次定位，我们鼓励职业本科学校率先构建由行业企业与学校共同参与的产教融合课程标准制定机制，确保教材内容与国家职业资格标准和职业技能等级证书考核要求紧密对接。

（四）活页式工作手册式教材编写层次

高等职业技术学院的核心课程紧密关联于企业的生产与工作流程，体现了显著的“技术技能”导向。与传统“学科化”教育模式相比，“核心技术类”课程在教材编制与内容安排上独具特色。活页式和工作手册式教材特别适用于此类课程，强调学做合一的实践特性。此类教材的编写工作可细分为五个层次。第一层次，强化校企合作，将企业的实际工作能力要求与学校的专业课程设置紧密结合，确保教材内容与职业需求相契合。第二层次，丰富资源支持，以活页式和工作手册式教材为基础，结合微课、视频、动画等数字化资源和试题库，为学习者提供多元化的学习支持，助其深入理解与突破课程重点。在“三全育人”理念的指导下，第三层次注重德育与学科教育的融合，挖掘并融入各学科的德育要素，实现立德树人的教育目标。第四层次，以工作流程为导向，结合国家职业标准、专业标准和课程标准，围绕综合职业技能的发展，通过典型工作任务，以学生为中心，将知识与技能有机融合。第五层次，活页式教材的独特之处在于其灵活性。与传统的固定式书籍不同，活页式教材采用活页夹形式，可自由组合、增减页数，便于教学内容的更新与调整，适应不断变化的教学需求。这一特性使其成为教学内容修订与升级的理想选择。

第五章　职业本科人才培养的制度与保障

现代职业教育治理体系和治理能力现代化是新时代深化职业教育改革、促进职业教育高质量发展的必然要求，也是职业本科学校制度建设的前提与基础。优良的制度体系，对推进人才培养方式变革、保障人才培养质量、培养更多高层次技术技能人才有着积极的作用。

第一节　现代职业教育国家资历框架搭建

一、国家资历框架的顶层设计

终身教育思想已成为世界各地开展教育教学改革的重要牵引，近年来我国教育体系日趋完善，国家现代职业教育资历框架的搭建也越发受到重视，从政策制定到实践探索，国家现代职业教育资历框架的建设方向也逐步明晰。

（一）国家资历框架的概念

资历框架（Qualification Framework）也称学习成果框架，其解释有很多种。国际经济合作组织将其定义为“根据知识、技能和能力要求形成的连续、可被认可的资历阶梯”。欧盟从学习成果出发，认为资历框架是将每个层级相应的学习成果进行分类、分级、认定和衔接，来构成一套连贯的全社会资历制度。国内有学者综合各类定义，将资历框架概括为“反映各类学习成果的等级和通用标准体系，旨在建立各级各类教育系统和劳动力市场之间相互衔接的认证制度”。而国家资历框架，即从国家层面建立起来的带有政策性和综合性特征的一种资历框架，其目的是通过建立统一的标准，对职业教育、普通教育、高等教育和继续教育等不同类型的教育资格进行沟通和衔接。国家资历框架能够满足当前开放灵活的学习需求，各类学习成果能够实现积累和转换，有利于实现教育系统和劳动力市场之间的相互衔接，有利于终身学习的持续有效发展。

（二）理论基础

1. 终身教育理论

终身教育理论由法国教育学家保罗提出，他指出“受教育的机会是持续的，是终身享有的，而不局限于儿童和青少年，教育的开展也不应局限于学校范畴”。终身教育理论的根本在于启示人们保持学习，在信息迅速发展的社会环境下，一门技术用终身的观念已经过时。终身教育理论是国家资历框架构建的重要标准，只有资历框架中各类学习成果有效认证、衔接和转换，终身教育的途径才能得以畅通。

2. 职业生涯发展理论

各国学者在不同国情环境和时代背景下提出了不同的职业生涯发展理论，典型的有萨柏的以个体职业清晰和选择过程为重点的职业生涯发展理论、施恩的职业生涯发展阶段理论和职业锚理论、金斯伯格的侧重幼年及青少年阶段的职业生涯发展理论、劳耐尔的以学习和职业能力成长角度划分的职业生涯发展理论等。从共性角度看，受社会环境、教育程度、职业性质和个体差异影响，职业生涯发展呈现出周期性特征。国家资历框架的制定则需要充分考虑职业生涯发展理论中的关键节点，参照个体成长的阶段性特征，来建立能够适应发展的教育框架。

3. 成效为本教育理论

1981 年美国教育学家斯巴迪首次提出成效为本教育理论，其强调教育实施的成效，要让受教育者在学习完成后成功具备适应社会和行业的能力。斯巴迪将成效为本教育分为三步：一是能清晰准确地描述预期的学习成效；二是创造能够达成学习成效的学习环境；三是对学习成效是否达标进行评估，并转换为等级和学分。成效为本教育理念更关注学习者的学习成果框架，其教育模式在课程时长、学习资料、学习方法、学习地点方面取决于学习者需求而非固定不变。这也是成效为本的精髓所在，其目标是使学习者达到预期的学习成效，而不是仅仅关注考试成绩。成效为本教育理论是国家资历框架的重要基础，在现有许多国家资历框架中，教育体系都围绕成效为本来进行设计、展开和评价。

（三）构建模式

国家资历框架的构建主要遵循四方面原则：目的性原则、整体性原则、协调性原则和动态性原则。由表 5–1 可知，国家资历框架主要包括普通教育、继续教育、职业教育、职业培训和各类业绩五个门类，其将各类学习成果都统一进了框架内，并对资历等级进行划分，大体上分为 7 级。不同国家和地区会根据实际情况进行调整。国家资历等级标准通常为以知识、技能和能力作为三个维度，其中知识指相应的理论和实践知识，技能指相关的认知技能和实践技能，能力指相关的学习、实践、自主和担责能力。不同专业和行业在维度的具体划分上有所不同。

表 5–1　国家资历框架的基本结构

<table>
<tr><td colspan="6">资历框架</td></tr>
<tr><td colspan="6">资历等级与等级标准(知识、技能、能力)</td></tr>
<tr><td>资历等级</td><td>普通教育</td><td>继续教育</td><td>职业教育</td><td rowspan="8">职业培训证书/职业资格证书</td><td rowspan="8">各类业绩</td></tr>
<tr><td>7级</td><td>学术型博士</td><td>学术型/专业型博士</td><td>专业型博士</td></tr>
<tr><td>6级</td><td>学术型硕士</td><td>学术型/专业型硕士</td><td>专业型硕士</td></tr>
<tr><td>5级</td><td>本科/学士</td><td>应用本科/学士</td><td>应用本科</td></tr>
<tr><td>4级</td><td>大专</td><td>大专/高职</td><td>高职</td></tr>
<tr><td>3级</td><td>高中</td><td>高中/中职/中技</td><td>中职/中技</td></tr>
<tr><td>2级</td><td>初中</td><td rowspan="2"></td><td rowspan="2"></td></tr>
<tr><td>1级</td><td>小学</td></tr>
</table>

国家资历框架系统是由资历框架、学习成果认证和学分银行组成，每一部分互相联系和制约。资历框架的等级划分和等级标准是顶层设计的核心，学习成果认证是实施资历框架的关键，学分银行是实施资历框架的管理制度。这也体现了国家资历框架分类、分级、认定和衔接的功能。

（四）国家资历框架建设基本要点

国家资历框架建设的基本要点主要有以下三方面。

一是要确立教育行为的测量标准。在测量标准上，以知识、技能和能力为三个基本维度；在衡量方式上，可以有多种方式，包括但不限于笔试、实践操作、行为履历等；在证明方式上，以学习成效为目标，可以通过成绩、学习成果和声望等来反映。

二是要确立教育行为单元的逻辑依据。国家资历框架的设计要横纵向全面考虑不同的教育行为单元，以保证教育层次的连续和完整。从整体上来看，可分为初等教育、中等教育和高等教育；从实际需要来看，可分为普通教育、职业教育和闲暇教育；从教育形态来看，可分为线下教育、线上教育和混合教育。

三是要确立教育行为时效标准。对于学习能力、学习成果等认定时效需要根据实际情况进行调整。如学习者的学习能力具有普适性，通过普通学习所获得的文凭应当终身有效，而由于技术的不断更迭和市场的不断变化，因此技术技能类证书的有效期需要因具体专业、行业而定。

二、基于学分银行的学习成果互认机制设计

随着新《中华人民共和国职业教育法》的实施以及高等教育体制改革的不断深入，“学分银行”已成为高职院校提高应用型人才培养质量的一种重要手段。“学分银行”可以使学生充分利用学习时间和空间，按照自己的喜好去选择想学的知识，为职业本科专业建设和人才培养提供重要支撑。

（一）学分银行的基本概念

学分银行（CBS）作为一种学习和教育管理新制度，旨在服务公民终身学习。其核心理念在于学分的认定、累积与转换，以推动不同类型教育间的顺畅流动。作为国家教育改革的重要探索，学分银行在终身教育制度建设方面展现出显著的创新性，并已逐渐成为我国教育改革政策文件中的关键词。2016 年 3 月，国务院颁布的《中华人民共和国国民经济和社会发展第十三个五年规划纲要（2016—2020 年）》首次提出，“制定国家资历框架，推进非学历教育学习成果、职业技能等级学分转换互认”。2017 年 1 月，国务院颁布的《国家教育事业发展“十三五”规划》再次指出，要“制定国家资历框架，建立个人学习账号和学分累计制度”。2019 年 2 月，中共中央、国务院颁布的《中国教育现代化 2035》也指出，“建立

全民终身学习的制度环境，建立国家资历框架”。经过漫长的摸索与研究，2020年1月教育部发布的《关于职业技能等级证书信息管理服务平台和职业教育国家学分银行信息平台试运行工作的通知》，标志着我国国家学分银行的正式运行。2022年新修订的《中华人民共和国职业教育法》的出台，破解了我国资历框架、学习成果认证、学分银行建设中长期遇到的关键问题，为学分银行建设提供了制度保障。

（二）学分银行的建设模式

学分银行的建设模式在国际上呈现出多样性。主要有四种模式：一是“框架+标准”模式，以英联邦国家如英国、澳大利亚、新西兰为代表，通过建立资历框架和认证标准来实现学分的认证；二是“框架+协议”模式，常见于欧盟各成员国，通过协议形式建立资历框架，实现学分的国际互认；三是“协议式”模式，如美国和加拿大等国家通过教育机构间的协议来认可对方学分；四是韩国特色的“学分银行”模式，该模式允许学习者通过课程学习或参与教育部认证考试等多种方式获得学分，并存储在个人学分账户中，累积到一定程度即可获取高等教育学位。

（三）学习成果互认机制构建

学习成果互认机制的构建是基于资历框架的等级和标准，通过成效为本的评价和质量保障机制，确保个人学习成果在政府认可的权威机构评审下获得认可。这一制度旨在实现各类学习成果间的对等公平和实质等效互认，以保障资历和学分的质量与社会公信力。在我国，职业教育长期以中职/中技和高职两个等级为主，目前本科层次职业教育尚处于试点阶段，因此构建这一互认机制尤为重要。新《中华人民共和国职业教育法》明确提出，高等职业学校教育由专科、本科及以上教育层次的高等职业学校和普通高等学校实施，这为资历框架中职业教育系列各等级之间的纵向衔接提供了制度保障，畅通了职校学生的升学通道，让职业教育学生一样可以拥有高学历。为了促进各级学业成绩的互认，我们需采取一系列策略。第一，应紧密结合职位的专业技能要求，构建能力单元作为学习成果认证的基础，确保这些单元精准反映完成工作的核心、不可再分的任务要求。第二，与“1+X”学历认证体系深度融合，打造高职院校“岗位—学习—考试”三位一体的教学模式，科学设定教育目标，将证书培训内容融入专业教学流程，进行课程的层次化设计与模块化整合，以构建符合行业岗位群职业技能需求的课程体系和教学规范。第三，对接资格框架等级与学分标准，构建先行学习成果认证机制，为学习成果的评定、累积与转换提供统一标准，覆盖正规教育、非正式教育及非正规学习等多种形式的学习成果。第四，通过与政务信息化平台的衔接，推进数字学历的信息化建设，确保课程质量，避免重复建设，实现社会教育、培训资源的优化配置与高效利用，并为政策制定提供数据支撑与服务。第五，以绩效为核心的质量观为导向，构建内外部一体化的内控体系。通过外部质量保证机构与内部管理部门的协作，运用科学、合理的评估工具，制定基于绩效的评估标准和模式，确保学习者无论通过何种方式获得的学习成果，只要经过资格框架标准体系的认证，都能获得相应的学分和资格。

三、终身学习促进政策及氛围营造

终身教育是一项综合的社会系统工程，涉及不同类型的教育对象，牵涉不同的行政部门，单靠教育行政部门无法统筹实施。改革开放以来，我国教育事业蓬勃发展，各级教育入学率显著提升，然而，随着学校教育外终身学习需求的激增，非正规教育也取得显著进步。尽管如此，相较于学校教育，我国校外终身教育的法律保障仍显薄弱，这在一定程度上阻碍了终身教育政策的实施与实践的深化。

（一）终身学习立法的必要性

当前，我国正处在一个前所未有的变革时期，要应对全球范围内的深刻变革，建设社会主义现代化强国，推动人的全面发展与社会的可持续、高质量发展，就必须全面提升国民的综合素质。而实现这一目标的核心途径，便是推动全民终身学习。全民终身学习不仅关乎政治、经济、文化、社会和生态建设的全面推进，更是支撑可持续发展、创新驱动、区域协调发展、科教兴国、人才强国、乡村振兴等一系列国家战略的重要基石。然而，近年来虽然相关部门已出台多项旨在促进全民终身学习的政策，如社区教育、学习型城市建设等指导意见，但由于缺乏足够的法律约束力，这些政策在实际执行中面临诸多困难。因此，为了实现“全民学有所教、时时能学、处处可学、人人皆学”的战略目标，迫切需要在国家层面进行立法，为终身学习的政策和制度提供坚实的法律保障。这不仅能够确保相关政策的有效执行，还能进一步激发全民学习的热情和积极性，为我国的现代化建设提供强大的人才支撑和智力保障。

（二）终身学习立法的可行性

终身学习已成为社会发展的必然选择，除了重视传统的学历教育，还应充分发挥非学历教育、继续教育及职业技术培训等多种教育形式的作用，为学习者提供更为丰富多样的学习机会。制定《终身学习促进法》能够将正规教育以外的非正规教育、非正式学习活动如社区教育、老年教育、实践学习等纳入法律和政策框架内。鉴于现有教育法律主要聚焦于“教育”本身，新法的出台将着重保障和促进非正规教育、非正式学习，既体现立法的新颖视角，也避免了与已有法律在内容上的重叠和冲突，从而更具现实性和针对性。

（三）终身学习的氛围营造

（1）教学方式变革。教学方式的变革至关重要，以打破传统专业边界的阻隔，实现教育者和学习者之间更为有效的互动。当前，“串联”而非“并联”的知识展示方式，以及“灌输主义”和“应试主义”的教学模式，限制了学习者的主动性和理解深度。因此，转变知识呈现方式，以高质量的教学内容激发学习者的主动探索，成为教学改革的关键。知识体系、课程体系和教学体系需以共通的育人价值为导向进行重建，同时，学习资源的开发应紧密贴合本土需求、时代特点和学习者的发展需要。在课程设置上，应体现“少即是多”的原则，精简课程，同时创新课堂形式，使其更加自主灵活，以适应现代教育的发展趋势。

（2）评价方式变革。教育评价方式的变革对于引领教育发展方向至关重要。其核心目的是促进学习，因此评价必须尊重学习过程的规律，确保评价的全面性和完整性。这意味着评价不应仅关注部分学习者的成就，而应促进所有学习者的学习。同时，评价应涵盖身心、认知和非认知能力的全面培养，以体现终身学习的理念。因此，我们需要摒弃功利导向和片面评价，转向全人导向的终身评价，确保评价能够全面、准确地反映学习者的成长和发展。

（3）教育系统变革。面对学习生态的挑战，教育系统变革需跳出传统框架，审视内外环境以寻找解决之道。正规教育机构的教育讨论虽重要，但不足以涵盖全社会广泛的教育可能性。应认识到学习文化在任何时空的动态价值，并强调学习共同体作为学习型社会的核心形态。学习型社会的构建需要家庭、学校、社会协同合作，形成知识联结与转化的生态系统。通过多方合作与多元融合，推动教育系统变革，从而改善整体学习生态。

第二节　职业本科学位制度设计

一、现行学位制度体系评价

（一）学位制度的基本概念

学位制度可以理解为保障授予学位的质量和学位工作的有效管理，国家或高等学校所制定的相关法令、规程或办法。学位制度规定了“什么样的人有资格申请”“以什么标准来衡量是否可以申请”“可以申请什么类型的学位”“由谁来授予学位”“如何授予学位”等一系列学位申请与授予的管理问题。学位制度作为一种标准化规定，制约、规范和激励着学位申请与授予的全流程，其具有三方面功能：一是服务社会发展需求，推动规范完善高等教育体系；二是促进人才培养，提升国民素质；三是增进学术交流，提升国际影响力。

（二）现行学位制度

在西方国家现行的学位制度中，美国学位分为副学士、学士、硕士、博士四个等级，包含三种类型：研究/学术型、专业实践型以及其他，其分类依据大致与高等教育机构分类一致，即大体上分别对应研究型综合大学、地区级大学、文理学院和社区大学。其中副学士学位是美国学位制度的特色，主要分为两种：一种是职业学位，即拿到副学士学位后直接进入社会工作的学位；另一种是转学学位，即再进入学士学位阶段学习的学位。英国现行学位体系分为学士、硕士、博士三级，每一级又分若干等级，例如学士分为荣誉学士学位和普通学士学位，荣誉学士学位比普通学士学位级别高，其又分为三级。除此之外，英国的学位制度还细分了具有高等职业教育特征的基础学士学位，同时与国家职业资格等级制度相对接。而德国的传统是两级学位制度，没有学士学位，随着博洛尼亚改革，德国开始效仿英美的三级学位制度，主要也分为学士、硕士和博士。现今德国仍有部分学校认为两级学位制度能够更好地培养人才，因此现阶段德国为传统学位制度和新学位制度并存。

而我国自《学位条例》与《学位条例实施办法》颁布以来，已建立学士、硕士、博士三级学位体系。在学位类型上分为学术学位和专业学位，其中学术学位侧重理论和学术研究，主要有13个学科门类。专业学位则偏向技能应用型，其硕士层次专业学位有金融硕士等40种，博士层次专业学位有口腔医学等6种，学士层次专业学位仅有建筑学1种。而对于职业本科学位，不少学者提出要建立与高等职业教育相匹配的“工士”学位制度，但相关学位制度体系仍未建立。

综上可知，各国学位制度呈现出统一趋势，中西现行的学位制度存在着相似之处。第一，学位的结构大致相同，基本分为学士、硕士和博士三个等级，除美国有副学士学位。第二，学位类型设置为学术型与专业型并存。而尚未建立系统完备的高等职业教育学位也成了大多数国家现行学位制度的普遍特征。

二、职业本科学位制度设计依据

建立学位制度是职业教育类型特征的重要体现，也是我国职业教育高质量发展的必由之路。早在2009年，有学者就呼吁设立高等专科教育的学位制度。2014年，《国务院关于加快发展现代职业教育的决定》提出“研究建立符合职业教育特点的学位制度”。为响应这一政策，关于职业教育学位制度设计的研究随即云集，但在政策层面尚未有所突破。2019年，《国家职业教育改革实施方案》发布后，我国职业本科迎来高速发展，相应学位制度设计诉求更为迫切。2021年，国务院学位委员会发布《关于做好本科层次职业学校学士学位授权与授予工作的意见》（学位办〔2021〕30号）（以下简称《意见》），将职业本科纳入现有学士学位工作体系，按学科门类授予学士学位，学士学位证书格式一致，但在学士学位授权、学位授予标准等方面强化了职业教育育人特点。至此，职业本科学位制度建设踏上了新征程。

（一）学位制度的演进、层次与类型

1. 学位制度的演进

学位制度源自中世纪欧洲，最初作为教师资格的证明，类似于职业准入证书。随着工业革命的推进，科技与社会分工的深化推动了学科体系的建立，学位制度应运而生。在借鉴德国硕士教育和英国学士制度的基础上，美国构建了完善的学位体系。新中国成立后，我国也致力于重建和发展高等教育学位制度。1956 年出台《中华人民共和国学位条例（草案）》《中华人民共和国国务院学位和学衔委员会组织条例（草案）》，1980 年出台《中华人民共和国学位条例》，之后学位制度逐步完善，体系不断健全，兼顾了与国际接轨和中国国情。为迅速培养社会紧缺的复合型、应用型高层次人才，自 1990 年起，国务院学位委员会陆续批准设立了工商管理硕士（MBA），建筑学、教育硕士，工程硕士等一系列专业学位。

2. 学位制度的层次

学位的层次是学术界关注的重点。美国学位体系分为副学士、学士、硕士、博士四级，与高等教育机构分类相匹配。我国则采用学士、硕士、博士三级学位层次。针对高等职业教育，曾有学者建议设立与专科层次匹配的“工士”学位。虽然多数学者倾向于构建四级学位体系，以完善我国学位制度，但这一观点过于强调层次，忽视了学位类型的多样性。

3. 学位制度的类型

学位的类型通常被简化为学士和硕士两种主要类别，但这两者在垂直层级上并未完全涵盖所有学位。以研究生为例，硕士注重理论和研究能力的培养，而专业学位则侧重于特定领域的专业技能和实际运用能力的训练。

在美国，学历被细分为学习型 / 学术型、职业实践型和其他型，其中实习类课程甚至设有双学士学位。德国在学历分类上经历了变迁，高级高职学历作为专业资格体系的一部分，与应用科技学院颁发的学士证书相对应，而自 2020 年 1 月起实施的《职业教育法修正案》进一步引入了专业学士和专业硕士两个新层次。英国建立了两年制的基础学历体系，与国家的专业技术水平体系紧密衔接，虽然具有一定的“类别含义”，但等级特性仍占主导地位。

在我国，20 世纪 90 年代以前主要只有学术型学士学位。然而，自 1991 年起，

我国逐步发展了以专业硕士为主，辅以专业博士的专业学位培养体系。目前，本科学历涵盖了财务等 40 个学科，而研究生学科虽有 6 个，但工程类仅设有本科专业。这表明，当前大多数应用性本科教育仍偏向学术型，与应用型本科的人才培养目标存在不匹配。因此，一些学者提出了设立第三种学位类型的建议，以更好地满足社会需求和人才培养目标。

（二）学位制度设计的依据

1. 职业本科人才培养定位高于高职专科

职业本科的人才培养定位相较于高职专科更为高端。职业本科旨在培养具备“高素质、高技术、高技能”的复合型人才。首先，在技术水平上，职业本科更加注重与我国经济社会发展需求相契合的高端行业，如新材料、智能制造、生物技术和集成电路等，同时也涵盖了传统产业经过改造升级后的高端产业链。其次，职业本科强调技术的复杂性和综合性，要求学生能够掌握多项技术并能协同运用，以应对复杂的工作任务，并具备优化改进更高级别生产过程的能力。最后，随着新一代信息技术如云计算、物联网、大数据、人工智能和区块链的快速发展及其与传统产业的深度融合，职业本科教育更加注重培养学生的心理技巧和智力能力，如分析、理解、评价和感知等，以适应智能化、迭代化和协同化的生产组织和工作内容变化。这种转变使得智力能力在职业本科教育中得到了更多的重视，相较于传统可被机器替代的操作能力。

2. 职业本科人才培养定位异于应用型本科

职业本科与应用型本科在人才培养方面存在显著区别。关于这两种教育模式的讨论，有几种主要观点：一是“融汇性说”，主张从培养学科应用型人才转向培养高素质、高技能型人才；二是“差别说”，强调技术教育培养技术型人才，而职业教育则培养技能型人才；三是“中介理论”，认为应用型本科人才介于传统学科型人才与职业技能型人才之间。在人才培养的逻辑起点上，职业本科的专业设置基于职业需求，以专业技能的掌握为发展逻辑；而应用型本科则更多以学科体系为基础，注重专业理论知识的运用。从人才要求来看，应用型本科更侧重于将理论知识应用于实际工程或产品生产中，以培养工程师、技师为导向；而职业本科则强调毕业生能直接适应工作需求，快速上岗，其理论知识遵循“够用”原则。在培养方式上，应用型本科依据知识谱系结构和科学认识规则有序安排教学内容，并注重在实践中提升学生的知识应用能力；而职业本科的教学内容和流程则紧密围绕真实工作流程展开，但工作过程和流程相对职业本科更为复杂和精细。这些差异体现了职业本科与应用型本科在人才培养方面的不同定位与特色。

三、职业本科学位制度形塑

鉴于职业本科人才培养定位与学术型本科、应用型本科的本质差异，授予职业本科毕业生学术学位显然是不合适的。2002 年出台的《关于加强和改进专业学位教育工作的若干意见》指出，“专业学位，或称职业学位，是相对于学术性学位而言的学位类型，培养适应社会特定职业或岗位的实际工作需要的应用型高层次专门人才”。据此可知，专业学位的授予对象是技术型人才，而非技术技能型人才。为此，职业本科学位可命名为应用学士学位。设置职业本科应用学士学位，首先要聚焦职业能力的培养导向。此举旨在通过评价与激励机制，促进职业教育高层次人才的成长，展现国家与社会对职业教育及技术技能型人才的认同，并助力完善我国学位体制的全面性。学位虽代表学术水平，但不应削弱技术技能教育的本质，需坚守职业教育的内在规律，确保应用学位与职业技能认证双轨并进，为先进产业培育具有高水平实践能力的专业人才。其次，职业本科教育应实现技术与技能的深度融合。在这一层面，技术与技能不是简单相加，而是形成一个相互依赖、紧密结合的统一体。教学重点在于提升学生的实践操作能力，同时嵌入必要的理论基础和先进技术支撑，使学习过程不仅验证理论，更侧重通过应用研究直接解决企业的实际生产难题。基于异质共生理论，深化探讨两者如何共生发展，是建立应用学士学位体系的重要环节。最后，教育过程中需平衡工具性和人文性的双重考量，即在满足经济社会对技术技能需求的同时，也要观照个体的职业发展与社会进步的长远目标。应用学士学位的制度构建，不仅要推动职业院校强化职业能力培训，更要坚持立德树人的教育宗旨，确保学生在技能提升的同时，德行兼备，服务于社会的全面进步。

四、职业教育学位制度完善的展望

对于职教本科而言，纳入资历框架只是开始。《关于做好本科层次职业学校学士学位授权与授予工作的意见》的发布，意味着职业教育从此不再是"断头教育"，将职教本科纳入学位体系也能够打破对职业教育的固有偏见，有助于防止职业本科院校的毕业生在就业、升学中被歧视，助力职业本科实现高质量发展，扭转社会对职业教育的看法，大大提高职业教育的含金量。因此，职业本科的发展，要突出职业教育特征，突出职业素养和能力的培养，要不断完善职业教育学位制度，建立职教本科专业标准体系，深化内涵建设，完善保障体系。

（一）加强理论体系建构，厘清应用学位设置逻辑

当前，针对职业本科学位设置的理论探究尚处在初级阶段，缺乏深入系统的研究和广泛的行业认同。具体而言，在应用学位的设定原则、目标架构、实施策略、评估体系及制度框架等方面，理论依据和实践经验均显不足。因此，亟须构建一个活跃且正面的职业教育学术研讨环境，鼓励高等教育与职业教育界的权威学者共同聚焦应用学位设定议题，围绕职业本科教育的人才培养方向、定位、标准、模式、实施路径及评估标准等核心方面，深入开展理论探讨，加速完善并深化相关理论，为中国特色职业教育理论体系的构建贡献力量。同时，各教育机构应主动担当，成为实践探索的先锋，尤其是在学分制度管理、毕业设计等方面的模式创新和制度革新，以及建立毕业生长期追踪评价机制，确保人才培养质量。通过实践活动，不断积累经验，为理论研究提供丰富的实证基础。

（二）规范学位授予标准，健全学位资格评估机制

首先，明确学位授权与管理的清晰架构：界定应用学位的授权主体、授予单位、核准机构、认证实体及监督部门的角色与职责；细化教育行政部门、学位授予高校、第三方评估机构的分工合作机制；强化省级及地区学位委员会在职业学位管理中的作用；确立职业院校学位评审委员会的组建与运作规范。其次，严格学位申请者的资格审查，确保学生在知识、技能和综合素质上达标。这包括清晰界定学位证书与学历证书、职业技能等级证书之间的关联性，比如学历与学位标准是否相匹配，职业技能认证是否构成学位获取的前提条件。最后，规划学位证

书授予的具体流程与标准：制定学位授权点的申请标准与流程、审批程序；细化校内学位评审工作的操作流程；明确应用学位证书的授予程序及官方认证步骤，从而确保整个学位授予体系的严谨性与透明度。

（三）加强促进政策供给，强化学位制度法律保障

尽管《意见》作为职业本科学位授予的首份指导方针，界定了学位授予的基本框架，包括主体、对象、流程和标准，实践中仍需更多细化政策以确保有效实施。因此，需加大在职业本科学位政策领域的探索与制定工作：

1. 加大政策制定力度，明确应用学位的核心概念、类别划分、授予准则及流程规范，以提高该制度的顶层规划质量和实施效能。

2. 利用学位政策作为驱动器，激发职业本科学校在机构建设、课程改革及治理结构优化等方面的创新，推动配套政策出台。

3. 依据学位标准，强化对职业本科学校的指导与质量监督，促进学校及其专业与产业发展紧密对接，增强社会认可度。

4. 推动立法进程，力求将职业本科学位制度嵌入职业教育法及学位管理条例中，为学位授予提供坚实的法律基石。

（四）搭建新型资历框架，打通职业人才发展通路

借鉴国际实践，构建资历框架能有效衔接高等职业教育学位与职业资格等级，目前我国虽未形成完整的职业教育国家资历框架，但“1+X”证书制度试点与“学分银行”概念的引入已引起广泛关注。在推广应用学士学位的同时，可探索增设专科层次的应用副学士学位及研究生层次的应用硕士学位，以此纵向打通学历层次，为职业人才成长开辟道路，加速职业教育的系统化进程。横向而言，应考虑制定政策，允许普通高等教育学生选修职业教育高级学位，反之亦然，促进两类教育体系间的课程整合与互认。

第三节　职业本科治理体系建构

一、国家职业教育法律及制度体系的顶层设计

近年来，党中央明确提出“把制度建设摆到更突出的位置”。在职业教育领域，国家职业教育制度建设不断推进。所谓职业教育的国家制度体系，“本质上是公共权力的制度安排，是国家层面针对职业教育所做出的的总体制度设计”。改革开放以来，我国职业教育已有40多年的历程，国家职业教育法律及制度体系也在不断变迁，大体上可分为三个阶段。

第一阶段是1978—1999年，这个阶段以国家为主体，初步建立职业教育体系，全面恢复职业教育发展，奠定了国家职业教育制度体系的基准。这一阶段职业教育作为补充性教育的存在，出台了一些相关制度政策，如《关于办好“七二一”大学的几点意见》《中共中央关于教育体制改革的决定》《国务院关于大力发展职业技术教育的决定》等。其中首部《中华人民共和国职业教育法》也是在此阶段颁布，其进一步明确了职业教育的法律地位。

第二阶段是2000—2020年，这个阶段国家职业教育制度采用“地方创新—国家吸纳”的模式，地方举办的职业学校规模大大超过国家或行业，这使得在制度的构建上，地方的自主性、创新性更强。

第三阶段是2021年至今，这一阶段职业教育的地位大大提升，现代化职业教育体系建设进入法治化阶段。习近平总书记对职业教育工作作出重要指示，并强调要加快构建现代职业教育体系。1996年颁布的持续了26年的职业教育法也迎来了首次大修。2022年4月，十三届全国人大常委会第三十四次会议表决通过新修订的《中华人民共和国职业教育法》（以下简称新《职教法》），并决定于2022年5月1日起施行。新《职教法》首次明确提出“职业教育是与普通教育具有同等重要地位的教育类型”，并提出如“职业教育与普通教育相互融通”“统筹推进职业教育与普通教育协调发展”“促进职业教育与普通教育的学习成果融

通、互认”等一系列横向纵向融会贯通的顶层设计，来推进职业教育与普通教育的协调发展，进而提升职业教育的社会地位。

综上可以看出，国家职业教育法律及制度体系在不断地重塑职业教育社会地位和法律地位，主要从教育的定位、实施路径和社会影响三个维度出发来进行顶层设计。

（一）职业教育定位

教育定位从社会、教育本身和职业教育层面出发，有不同的理解。首先，从社会层面来说，教育定位表示国家及社会将教育归为哪一发展领域，赋予其什么样作用和目的；其次，从教育本身来说，教育定位说明了教育的本质、培养的对象和培养目标；最后，从职业教育层面来说，教育定位则明晰职业教育与普通教育的发展关系。对职业教育定位的重塑，主要通过法律和制度的实施，来对职业教育赋予不同的社会角色，进一步提升其社会价值与功能。主要包括以下三方面：一是社会功能的提升，赋予职业教育更多社会责任，将其与社会经济产业整体发展相联系，拔高制度体系建立目的，提高格局站位；二是对职业教育属性内涵进行梳理，厘清其本质和外延，有助于把握职业教育内核；三是突出类型教育特色，确定职业教育是与普通教育具有同等重要地位的教育类型。

（二）职业教育实施路径

实施路径指在教育过程选择的教育标准、育人模式和管理制度。通过优化办学特色和管理模式，来提升职业教育的专业型和前沿性，以培养更多优质技术技能人才。主要包括以下三方面：一是坚持职业导向，根据经济社会发展需要，结合职业分类、职业标准、职业发展需求，制订教育标准或者培训方案；二是优化治理体系，国家机关、社会组织、利益群体和公民个体通过制度安排共同管理教育公共事务，以分权和集权来调整优化共治主体的权责关系；三是明确受教育群体，针对特定群体因地制宜开展职业教育，有助于提高教育收益，并对受教育者职业发展产生正向作用，进而促进地区经济建设和教育体系构建。

（三）职业教育社会影响

通过改变社会文化来提升社会对职业教育的刻板印象，塑造职业教育良好的社会形象，营造良性的社会发展环境。主要包括以下两方面：一是营造社会风气。

过去“职业教育”总是与“成绩差”“失败者”等标签绑定，形成了大众对职业教育的偏见。而通过对职业技术技能人才的表彰，采取措施提高其声量、扩大其正向舆论，重塑职业教育的社会影响力，可扭转大众偏见。二是互通教育资源。加强国际交流合作，鼓励合作办学，实现教育资源互通，提升职业教育的前沿性和国际性，最终提升职业教育社会影响。

二、内部治理机制建设

“坚持和完善中国特色社会主义制度、推进国家治理体系和治理能力现代化”是党的十九届四中全会提出的重大战略任务。《中国教育现代化2035》提出“推进教育治理体系和治理能力现代化”。进入新时代以来，中国教育模式、形态、内容和学习方式正发生深刻变革，教育治理呈现出多方合作、广泛参与的特点。高等职业教育作为国家教育的重要组成部分，要求高等职业教育必须关注治理。

随着知识经济的发展，大学之间的竞争越来越激烈，好的大学不仅要有高水平的教学水平，更要有现代化的管理能力。提高大学管理水平，要求大学要“善治”。当然，完善的大学治理并不是大学成功的唯一保障，但有效的治理一旦与大学的战略目标、发展计划以及文化背景协调一致，就可以有效促进大学的发展。大学治理的任务就是要有效实现大学的目标、优化大学内部机构、监督大学的运作。现实中大学与大学之间存在的差距一定程度上体现在大学的内部治理结构、治理水平的完善程度和优化水平上。

因此，科学合理的内部治理结构能够形成高校自我管理、自我约束、自我规范的内部管理体制和监督约束机制，为高等教育的办学和管理保驾护航。

（一）坚持和完善党委领导下的校长负责制

为巩固和提升高校党建工作水平，自党的十三届四中全会以来，中央明确实施了高校中由党委领导下的校长负责制，旨在推动高等教育事业全面发展。通过颁布《中国共产党普通高等学校基层组织工作条例》《中华人民共和国高等教育法》及《关于坚持和完善普通高等学校党委领导下的校长负责制的实施意见》等重要法规文件，中央不仅重申了从严治党和强化党建的坚定立场，也总结汲取了各高校实践探索的宝贵经验。因此，在践行高校党委全面领导与校长负责相结合的制度时，需着力推进五大关键领域的改革：一是革新高等教育的办学机制；二是优化高等教育管理体制；三是调整高等教育经费筹集模式；四是改革高等教育招生与就业体系；五是深化高等教育内部管理体系的变革。这些改革旨在响应中央精神，确保高校治理结构更加科学高效，支撑高等教育事业的持续健康发展。对于这一点，习近平总书记曾做过精辟的阐述："办好中国特色社会主义大学，要坚持立德树人，把培育和践行社会主义核心价值观融入教书育人全过程；强化思想引领，牢牢把握高校意识形态工作领导权；坚持和完善党委领导下的校长负责制，不断改革和完善高校体制机制；全面推进党的建设各项工作，有效发挥基层党组织战斗堡垒作用和共产党员先锋模范作用。"他从全局高度科学地指出了我国高等教育发展的路线，为高校全面推进党的建设新的伟大工程进一步指明了方向。

（二）坚持依法治校

大学章程建设是现代大学制度建设的核心，是高校内部治理结构的"宪法"，是推动高校内部治理结构建设的重要载体和基石。实现教育现代化的关键在于制度保障，其中，以学校章程为基准的依法治校原则，构成了制度文明的核心要素。依法治校的本质，在于遵循国家法律法规，确保教育活动符合社会主义办学导向，明确人才培养的目标与路径，即培养什么样的人以及如何培养。传统上，我国高校管理较多依赖经验，但面对社会快速发展，这种模式已难以满足高水平教育现代化的需求。在构筑具有社会主义特征的高等教育体系进程中，高校的道德观、社会责任感及价值导向显得尤为重要，成为评估治理效能的新标杆。因此，推进职业本科教育的高质量发展，不仅要坚持法治原则，强化规章制度的执行力度，还应重视以德治校，培养良好的校风与师德，两者相辅相成，不可偏废。通过法治与德治的有机结合，形成互补平衡的力量，方可为新时代职业本科教育的跨越发展奠定坚实的基础。

（三）推动育人管理与权益保障深度结合

自十九大以来，为深入贯彻全国高校思想政治工作会议精神及中共中央 国务院《关于加强和改进新形势下高校思想政治工作的意见》，教育部推出了《高校思想政治工作质量提升工程实施纲要》，明确提出将管理育人体系优化作为提升高校思想政治工作质量的十大核心体系之一。在此背景下，职业本科学校需致力于创建一个既能促进全面发展又能充分保障师生合法权益的教育环境，这是衡量其治理现代化水平的关键指标。实践中，学校需重视维护学生的合理、合法权利，不仅要确保学生了解并享有自身权益，还应培养他们正确承担社会责任的意识。针对学生教育管理中的法律问题，应采取实际行动，通过调研分析现状，寻找解决方案。日常管理中，积极汇总各类法律问题案例，总结经验，并参考这些经验，依据学校自身特色和发展定位，建立健全从学校到学院两级的法律风险防控机制，做到预防为主，保障教育管理工作的顺利进行。

（四）坚持深化二级管理

落实立德树人根本任务是高校基础工作和中心工作，这主要需要依托专业人才培养来实现，而专业人才培养既需要学校的统筹、引领和保障，更需要二级学院的规划、落实和承担，伯顿・克拉克曾经说“高等教育中更佳的端点是基层”。要建设特色高水平职业本科，就要不断完善二级管理体制机制，适当赋予二级学院人权、事权、财权、专业发展决策权，完善院系治理的内生动力，以保证特色高水平职业本科专业建设和人才培养的自主性。

三、外部治理与协同治理

职业教育作为一种跨领域的教育形态，它融合了教育与职业、学校与企业、政府与教育机构、行业与职业的多重联系。在推进职业本科教育改革的过程中，需超越以往单一方主导、单一策略的传统模式，转向构建多方参与、多制度协同的外部治理框架。这意味着要形成一种包含多样主体合作、多种制度互补的外部治理生态。同时，内部管理体系的协同优化也是关键，它要求在改革的总体设计上更具前瞻性和全面性，强调各个环节间的协调与整合。构建这样的协同治理体系，需要树立合作共享的理念，通过对话协商确立职业本科教育的共同愿景，推动形成一个日益成熟的互利共赢内部协同机制，进而促进治理能力迈向现代化。

（一）充分发挥政府自上而下规制性作用

教育理念相对滞后制约着新时代中国高等教育综合改革的推进。要加强人才培养的中心地位，就得从体制机制、改革举措、方式方法上有所创新，以思想观念的转变为突破口，推进教学内部协同治理体系的改革。与管理相比，治理（governance）理论强调治理主体的多元性及主体间的协同，追求各主体的利益一致性及共同发展。单纯从概念上来看，“治理”是指“各种公共的或私人的机构管理其共同事务的诸多方法的总和，是使相互冲突的或不同的利益得以协调，并采取联合行动的持续过程”。治理的实质是在承认并尊重不同主体利益、价值的基础上，借助一种公共互动装置来促成彼此间的最大公共利益，以此调动所有组织成员的参与热情。治理理论更重视治理主体与环境之间所形成的互动关系。现代大学制度下的传统教育教学管理方式，诸如大学行政（包括学校行政部门和院系行政部门）在职教本科教学中发挥着主导作用，多是基于科层制度的行政管理模式，实际上无法满足社会对大学治理提出的新要求。在这种管理模式中，教师和学生尽管是教学的主体，尽管对教学质量有着关键影响，却缺乏发言权和影响力。在教学的各环节和各层面，师生之间尚未构建起自主表达、协商对话、达成共识的合作模式以及以学术为旨归的有机联系和作用机制，以致教师、学生与学校之间耦合不足，缺乏有效联动与互动，教师应对教学挑战的能力不足，教风学风及教学效果普遍欠佳。协同治理理论强调打破单一的主体管理结构，形成多元主体共治共管、协同治理的大治理格局。

（二）建立学校内外部治理共同体

协同治理意味着在公共事务管理中，政府、非政府组织、企业及公民等多方面力量共同参与，各自发挥特长，形成一个高效有序的治理网络，共同促进公共利益。决策时需均衡考虑各方利益，以防失衡导致不公。构建治理共同体是实现治理无缝对接的前提，要求在保持治理层级与维度清晰的前提下，促进它们间的有效协同，依托公共利益为桥梁，消除孤立，促进利益相关方之间的资源共享与协调行动。产教融合与校企合作是职业院校办学的基本原则，与企业的紧密合作更是职业院校区别于普通本科大学的显著特点。因此，应在合理分权的基础上，积极探索构建包含所有利益相关者的治理共同体，激发各成员的参与意识和责任感，营造和谐但又不失个性的氛围，同时强化社会力量在校治理中的参与度和监督评价作用，共同推动学校治理效能的提升。

（三）建立开放办学的协同组织体系

治理能力是连接治理结构、大学制度与治理成效的关键，它通过正式或非正式机制，促进多方利益相关者的互动反馈，共同推动目标实现。增强治理能力，意味着提高协商效率，进而提升整体治理表现。探索治理现代化路径，为职业本科教育内部协同治理提供有力支撑。需积极推动政府、社会与学校三方合作，打破封闭界限，强化横向联系，促进学校与外界的动态交流，建立健全制度以协调各方利益，确保责权利统一。应充分激活所有利益相关方的潜力，防止个别主体的自私行为影响整体发展。在明确学校目标框架下，治理流程不仅涵盖计划与执行，还需增设高效的反馈机制，确保利益相关者的意见与需求能迅速反馈至决策层，形成稳固且高效的协同治理循环。

参考文献

[1] 彭晋全，王静霞．职业本科教育人才培养模式比较研究——基于 32 所职业本科院校教育质量报告的文本分析 [J]. 职教论坛，2024,40(2):32-41.

[2] 田宁，李宾，孙慧，等 .OBE 教育理念下职业本科院校人才培养模式研究 [J]. 科技风，2024(2):35-37.

[3] 徐小桃．职业本科教育视域下旅游管理人才培养模式转型发展探究 [J]. 河北职业教育，2023,7(4):68-71.

[4] 周虹，周文军．利益相关者视角下的职业本科教育人才培养模式研究 [J]. 湖北招生考试，2023(4):57-60+64.

[5] 毋磊，周蕾，马银琦．高质量职业本科人才培养模式的现实向度与行动路径——基于 21 所职业技术大学教育质量报告的文本分析 [J]. 中国高教研究，2023(5):101-108.

[6] 崔蓝幻．基于职业本科背景下广告艺术设计专业群技艺融合人才培养模式研究 [J]. 山西青年，2023(6):141-143.

[7] 罗娟娟，许仲生．职业本科教育背景下数智化赋能现代物流管理专业人才培养模式研究 [J]. 广西广播电视大学学报，2023,34(1):89-92.

[8] 吴雪琪．基于职业本科教育转型升级背景下汽车专业群人才培养模式新方向的研究 [J]. 时代汽车，2022(22):68-70.

[9] 刘思羽．职业本科教育人才培养逻辑向度及路径选择——基于知识生产模式转型视角 [J]. 高等职业教育探索，2022,21(5):25-31.

[10] 杨欣斌．职业本科教育人才培养模式的思考与探索 [J]. 高等工程教育研究，2022(1):127-133.

[11] 黎其健, 唐臣. 职业本科教育视角下物流管理专业人才培养模式实践研究 [J]. 中国物流与采购, 2021(12):38-39.

[12] 张奎, 曾振华, 闫晓梅. 黄埔军校人才培养模式对职业本科教育人才培养的启示 [J]. 河北职业教育, 2020,4(1):72-74.

[13] 欧阳琼芳. 职业本科教育视角下的独立学院人才培养模式改革探析 [J]. 柳州职业技术学院学报, 2019,19(5):47-50.

[14] 余斌, 赵辉, 刘克毅. 高职与应用型本科衔接的人才培养模式研究 [J]. 教育现代化, 2019,6(63):7-9.

[15] 何柏海. "职业化"过程教育的四年制高职人才培养模式研究——以数控技术专业为例 [J]. 模具工业, 2018,44(6):63-67+76.

[16] 高广仿. 昌吉学院中本贯通"立交桥"人才培养模式研究 [D]. 中国石油大学 (华东), 2017.

[17] 段静毅. 本科层次职业教育人才培养模式研究 [D]. 南京师范大学, 2015.

[18] 张永. 基于"3+4"模式的职业教育一体化研究 [J]. 山东商业职业技术学院学报, 2014,14(1):51-53.

[19] 董静, 裴晓林, 卢矜. 我国高等职业教育本科研究综述 [J]. 石家庄铁路职业技术学院学报, 2012,11(3):111-115.

[20] 王延, 郭文力. 高职教育与本科教育在人才培养模式上的比较研究 [J]. 锦州师范学院学报 (哲学社会科学版), 2003(5):139-140.